인생,
아름다운 마무리

인생, 아름다운 마무리

펴낸날 2024년 2월 20일
2쇄 펴낸날 2024년 12월 6일

지은이 신광옥
펴낸이 주계수 | **편집책임** 이슬기 | **꾸민이** 이승훈

펴낸곳 밥북 | **출판등록** 제 2014-000085 호
주소 서울시 마포구 양화로 7길 47 상훈빌딩 2층
전화 02-6925-0370 | **팩스** 02-6925-0380
홈페이지 www.bobbook.co.kr | **이메일** bobbook@hanmail.net

© 신광옥, 2024.
ISBN 979-11-5858-989-9 (03190)

인생,
아름다운 마무리

신 광옥

"후회하지 않아요, 인생은 바꾸는 것이 아니라
아름다운 마무리니까요."

인생 2막, 대한민국 베이비붐 세대에 건네는 따뜻한 위로와 격려

들어가는 글

한때 나는 간호사 직업을 가진 것을 후회했었다. 사실 누구나 대학 전공을 택할 때는 자기 확신 없이 그저 성적에 합당한 학과를 택하기 때문일 것이다. 이렇듯 나는 전공에 대한 자부심을 느끼지 못하고 대학을 졸업한 후, 세브란스 병원 중환자실 간호사로서 사회에 첫발을 내디뎠다. 분명 다른 길이 있었다면 간호사의 길은 절대로 가지 않을 길이었다. 그렇지만 당시로는 가정 경제가 최악의 상황이었기에 내가 벌지 않으면 안 되는 상황이었다. 그렇게 뛰어든 삶의 현장은 24세의 나이에 받아들이기에는 참으로 처참했다. 그때 나는 인간이 죽어가는 모습을 모두 경험했다고 해도 과언이 아니었다.

내가 대학을 졸업하고 직업을 가졌던 1980년대는 대한민국 현대사에서 가장 격변의 시절이었을 것이다. 18년의 독재 체재가 마무리되었지만, 다시 이어지는 군권 독재에 시민들이 항거하는 정치적인 혼돈기였다. 경제적으로는 5천 년 동안 이어진 가난에서 막 벗어나려는 거대한 물결이 일기 시작했다. 이처럼, 80년대의 대한민국은 타고난 신분에 따라 세습되는 사회가 아니라, 개인의 능력 사회로 변해가는 대한민국 역사의 시발점에 서 있었다. 그래서 1953년에 전쟁이 끝나고 폐허가 된 이 땅에 불과 35년이 흘러 1988년에 서울올림픽을 개최했을 때 전 세계가 불안한 시선으로 대한민국을 바라보았지만, 대회를 성공리에 마치는 쾌거를 이루기도 했다.

하지만, 이런 급격한 변화와 함께 대형 사건 사고도 잦았다. 당시 최고 의료기관이었던 세브란스 병원의 중환자실에는 상상도 할 수 없는 삶과 죽음이 교차하는 곳이었다. 그런데도 대부분 죽어가는 환자를 지켜보며 나는 "왜 수많은 직업 중에 하필?" 하며 회의감을 품기도 했다. 그러면서, "창의적이고 아름다운 직업도 많은데…" 하며….

이후, 나는 1996년에 삼성의료원 중환자실 수간호사를 마지막으로 간호사 직업을 내려놓고 평범한 주부로 살아갔다. 노년기에 접어든 지금, 나는 청춘 시절의 간호사는 내 인생 최고의 직업이자 경험이었다는 생각을 한다. 당시의 경험을 열거하자면 다음과 같다.

첫째, 인간은 그저 속절없이 죽어간다는 현실에 직면했다. 그때 인간의 한계를 알게 되고 욕심낸다고 모든 걸 다 가질 수 없다는 것을 그 청춘에 알게 되었다.

둘째, 병원이라는 참담한 세상을 경험했다. 환자가 되어 병원에 입원하는 순간부터 그 사람이 그동안 가지고 있던 사회적인 역할은 사라져버린다. 대통령이든, 기업 총수든, 엄청난 명망가였든 관계없이 그저 모두가 죽음을 앞둔 초라한 환자일 뿐이다.

　환자를 치료하는 병원의 구성원도 다양하다. 사회적으로 직업의식이
최고라는 의사가 있다면, 사체를 옮기는 직원도 있고, 중앙공급실에서
거즈를 접는 직원도 있다. 물론 지금 대부분 자동화된 것이 많지만, 내
가 한창 근무했을 당시에는 모든 것을 사람의 손으로 제공해야 했다. 이
렇게 서로가 다른 역할을 맡지만, 마치 부품 하나가 없으면 작동 안 되는
기계처럼 맞물려 가면서 병원의 기능은 이어진다.

　또한, 병원은 생명과 직결된 다양한 일이 동시다발적으로 이어지는 곳
이다. 예를 들어, 수술실에서는 심장 수술을 하고, 다른 방에는 뇌 수술
을 하고 또 다른 방에서는 아기가 탄생하고⋯ 운이 나쁘면 수술 도중에
죽기도 하고 마취에서 깨어나지 않기도 한다. 대부분 수술을 잘 마치고
병실로 갈 때 관련자들은 안도하고 긴장된 몸을 쉬려는데, 병실로 돌아
간 환자가 느닷없이 심장마비가 왔다고 사내 방송을 통해 다급한 메시지
를 공표한다. 1980년대만 해도 병원의 시스템이 오늘날과 같지 않아서
오로지 사내 방송을 통해 긴급 방송을 알릴 수밖에 없었다. 그러니 의사
들은 항상 귀를 열고 있어야 했고, 방송이 나오면 담당 의사들은 그 병
동을 향해 미친 듯이 달려야 한다.

　또한, 응급실은 항상 응급환자로 넘쳐났다. 응급실을 담당한 의사가
응급환자를 미처 치료도 하기 전에 심장이 멎어 심폐소생술을 실시해 보
지만 끝내 숨을 거두면, 보호자는 울고, 이내 영안실 직원이 이동 카트를

끌고 와 시신을 옮기고, 간호사는 주변 정리를 하면서 보호자를 진정시킨다. 때로는 더러 성질이 나쁜 보호자가 담당 의사에게 달려들어 "왜 못살렸냐"며 소리치기도 한다. 종종 보호자들이 의사의 멱살을 잡는 극한 상황까지 가지만 담당 의사는 뿌리치고 그대로 직원 식당으로 가서 밥을 먹는다. 그것이 그가 그날 먹은 유일한 식사였다.

이처럼 병원이라는 곳은 일반인이 상상조차 못 하는 일들이 벌어지는 곳이다. 생과 사를 넘나드는 현장에서 인간적인 감상은 없다. 의사도 천차만별이다. 세계적으로 인정받는 원로의사가 있다면, 의대를 막 졸업하고 혈기가 왕성한 새내기 수련의도 있다. 물론 그들의 인성도 제각각이다. 평소에는 서로의 역할을 잘 나누어 하다가 막상 일이 벌어지면 서로에게 떠넘기면서 "차마 인간이 어떻게 저럴 수가…" 할 정도의 인성을 드러낸다. 이는 세상 대부분의 일은 금전 손실로 끝나지만, 병원에서는 결국 생명을 잃기 때문이다. 그래서 아주 천사 같았던 사람도 순식간에 악마로 돌변하는 사태가 수시로 벌어지기도 한다. 명망이 높은 의사나, 정의감에 사로잡힌 청년 의사나, 천사같이 상냥했던 간호사나, 또한 환자의 입장이 된 권력자나, 자산가나, 명망가 모두 한순간의 위기에 그저 자기 생에 쌓았던 모든 것을 드러내고 추한 모습을 보여주는 인생의 끝….

이처럼 병원은 세상의 축소판이다. 그저 환자복만 입지 않았을 뿐, 사람들은 모두 죽음에 대한 두려움에 사로잡혀 사는 잠재적 환자인 셈이다. 현대인에게 흔한 트라우마나 공황장애 같은 것들이 모두 죽음을 연상하며 생기는 증상이다. 인간이 세상에 태어나 한 치 앞도 모르는 불확실한 세상을 살아가는 동시에 깨닫는 분명한 한 가지는 "인간은 모두 죽는다"는 사실이다. 그래서 인간은 세상에 태어나는 순간부터 '죽음'이라는 질병이 언제 터질지 모른다는 불안감을 안고 살아갈 뿐이다.

  문제는 이런 사실에도 불구하고, 인간이 사는 동안은 절대 죽지 않을 것처럼 살면서 어느 날 속절없이 죽고 만다는 것이다. 병원에서 죽어가는 수많은 사람을 보면 죽음을 피하려고 고통의 몸부림을 치며 죽지만, 드물게 죽음을 아주 편안하게 받아들이며 죽는 사람도 있다. 그래서 죽음처럼 인간을 가장 '인간'답게 만드는 것은 없다. 인간에게 이런 죽음이 있기에 인간의 문명이 오늘날까지 이어져 오며 발달하는 것이리라. 결국, 인간이 어떠한 삶을 살았든 관계없이 마지막의 모습에서 그 사람의 살아온 전 생애는 결정된다.

  대한민국 역사 이래로 가장 성취도가 높았다는 베이비붐 세대가 드디어 노인대열에 합류했다. 대한민국 역사상 가장 인구밀도가 높았던 세대답게, 그들이 포함된 노령인구 수도 폭발적으로 증가하고 있다. 되돌아보니 그들은 그동안 참으로 많은 일을 겪고 역동적으로 살아왔기에 그만큼 자기 기대치도 높은 세대라고 할 수 있다. 더군다나, 의학의 발달로 길어진 노년기에 못다 한 것을 이루려는 욕구도 그만큼 커졌다. 하지만, 길어진 노년기로 인해 평생에 번 돈은 병원에 쏟아붓고 죽는 것은 이미 노령화가 한국보다 일찍 시작된 서구 선진국에서 보여주었다. 그래서 서구에서는 『어떻게 죽을 것인가』, 『이만하면 괜찮은 죽음』, 『황혼의 미학』 등등 죽음에 관한 수많은 책이 쏟아져 나오고 있지만 우리나라는 여전히 노년을 청춘처럼 살자는 외침뿐이다.

이제 우리나라에도 전국 각지 병원마다 노인이 차고 넘친다. 말은 청춘처럼 살겠다지만, 이미 병든 몸을 이끌고 전전긍긍 살고 있다. 그러나 길어진 노년기를 건강하게 사는 것은 두 가지다. 더는 청년처럼 살 수 없다는 것을 인지하고, 죽음과 친해져야 한다는 역설이다. 어차피 죽음 앞에서 죽음을 두려워하기보다는, 오히려 죽음을 적극적으로 받아들여야 한다는 것이다. 그러기 위해서는 살아온 습관을 과감히 버리고, 죽음을 향한 탐구만이 새로운 삶의 탐구를 통해 남은 노년기를 오히려 활력 있게 살게 한다.

하지만 살아온 습관을 버리고 결코 가본 적 없는 죽음을 탐구하려면 결코 보통 사람의 의지만으로는 되지 않는다고 한다. 그래서 이를 두고 기독교에서는 두 개의 독특한 용어를 사용하고 있다. 하나는 '묵상(默想)'이고 다른 하나는 '회개(悔改)'다. 여기서 묵상은 '명상(冥想)'과 구별된다. 명상은 '내 안에 모든 것을 비우라'는 의미이다. 하지만 묵상은 채우는 것이다. 마음을 비우려고 생각을 없애는 것이 아니라, 의미 있는 것을 내 안에 찾아 채워야 비로소 비워진다는 역설이다. 그래서 묵상은 마치 굶어 죽기 직전의 사자가 먹이를 발견했을 때 맹렬한 눈빛으로 달려들어 잡아먹고 그것을 소처럼 되새김질하는 것과 같다. 평생 쌓은 생각은 그냥 비워지는 것이 아니라 다른 것으로 대체되어야 빠져나간다. 기독교 신앙은 바로 묵상을 통해 하나님의 말씀으로 채우는 것이다. 하나님께서는 세상이란 인간이 살만한 곳이 아닌 바다와 같은 고해의 현장이란다. 그래서 다가올 하나님의 나라를 사모하라고 하신다. 현생의 기쁨보다는 갈 곳에 대한 소망으로 채우라 하신다. 다시 말하자면, 알 수 없는 실체를 찾아 헤메는 것이 아니라 이미 정답은 있으니 열심히 문제를 풀라 하시는 것이다. 그것만이 그동안 쌓인 세상 근심이나 잡념을 비우게 되고 새로운 진리에 몰입하게 된다.

또한, 회개는 '후회(後悔)'와 다른 의미가 있다. 후회는 자기 잘못을 뉘우치고 반성하는 것이다. 대부분 사람은 끊임없는 후회를 통해 좀 더 열심히 살지 않았다며 앞으로의 삶을 더 열심히 살려고 한다. 결국, 같은 방향에서 강도를 높이는 것뿐이다. 그러나 대부분 인생의 성공과 실패는 열심히 하는 것이 아니라 방향이 좌우한다. 대부분은 "하면 된다"라는 신념으로 무조건 열심히 살면 목표를 이룬다고 말하지만, 방향이 잘못되었다는 생각은 하지 않는다. 그러나 회개는 가던 길에서 되돌아 다른 길로 방향을 바꾸는 것을 의미한다. 인생 말년에 내가 살아왔던 잘못된 길을 과감하게 바꾸어 새로운 길로 들어서는 것이다. 참으로 어렵고 힘든 일이다. 그래서 하나님은 '회개를 통해 방향을 바꾸는 것은 사람의 힘으로 할 수 없다'고 하신다. 즉, '거듭나야 한다'고 하신다. 이것을 다시 말하면, '다시 태어나야 한다'는 것이다. 결국, 노인이라는 것은 장년에서 노년으로 진입하는 것이 아니라 '다시 태어나 방향을 바꾸는 것'이라는 의미가 된다.

그래서 노년기는 늙어 소멸하는 것이 아니라, 다시 태어나는 존재가 되어야 한다. 세상의 삶을 내려놓고 죽음의 방향으로 들어가는, 그래서 죽음과 친숙해지는… 인생의 노년에 육체와 정신이 고갈되어 모든 것을 놓아버리는 것이 아니라, 새로운 진리를 찾아가는 단계다. 이는 인간이 '영(靈, spirit)'을 가지고 있기에 가능한 것이다.

인간은 '육체(肉體, body)'와 '정신(情神, soul)', 그리고 '영(靈, spirit)'으로 나뉘어 있지만, 이 셋은 다시 묶여 하나로 이루어진 유기체적 복합체로 이뤄진다. '육체'는 드러나는 신체를 의미하고, '정신'은 뇌의 기능으로 오감(시각, 청각, 후각, 미각, 촉각)을 통해 분석하는 사고력이다. 그래서 지능이 높으면 그만큼 세상을 분석하는 능력이 발달해서 세상 속에서 기득권을 누리며 살아가게 된다. 그런데 살아 있는 대다수 짐승도 이런 오감이 발달하여 세상을 살아간다. 물론 동물마다 발달한 분야가 다르다. 개는 후각이 발달하고, 새는 시각이 발달하는 등… 그런데 인간은 이런 동물적 오감 외에 '영감(靈感)'이 하나 더 있다. 그래서 인간과 동물이 다른 점은 바로 이 '영감' 때문이다. '영감'이란 동물과 달리 죽을 때를 아는 것이리라. 다시 말하자면, 눈에 보이지 않는 세상이 전부가 아닌 눈에 보이지 않는 초월적인 세상이 있음을 아는 것이다.

이런 영감을 가진 인간이지만, 부모의 자식으로 태어나 유소년기를 거쳐 청장년까지 세상에서 살아나기 위해 오로지 육체를 튼튼히 하고 뇌의 기능을 활성화하여 지식을 쌓아 경쟁하면서 자기 성취 욕구를 실현한다. 다시 말하자면, 오로지 육체와 정신의 발달에 올인(all-in)하느라 영의 존재는 의식하지 못한다. 카를 구스타프 융(Carl Gustav Jung)은 청장년까지 그렇게 살아가라고 한다. 그러나 노년에는 그동안 눈에 보이는 세상에 몰입하느라 소외되었던 눈에 보이지 않는 초월적인 세상으로 눈을 돌리라고 한다. 노년에 '영안(靈眼)'이 떠져야 한다는 것이다.

카를 융에 의하면, 이런 인간의 영적 능력은 태어나기 전에 이미 마음 깊은 곳에 숨겨져 있다고 한다. 영은 육체나 정신처럼 훈련하고 노력해서 발달시키는 것이 아니라 찾아내는 것이라고 했다. 카를 융은 그것이 인간의 집단 무의식에 들어 있다고 한다. 그것이 '본래 자기'라고 한다. 그러나 마음 깊숙한 곳에 숨겨져 있는 자기는 세상에 태어나 세상에 적응하느라 잊힌다고 한다. 그러나 노년이 되면 그것을 찾아야 한다고 한다. '내면의 나'는 영원 이전에 있던 존재라는 사실을 알게되면 죽음을 기쁘게 받아들이게 된다고 한다.

비록 한 치 앞도 모르는 인생사라지만, 이런 것을 체계적으로 알게 되면 당연히 죽음으로부터 자유로워지고 죽음 앞에서도 결코 품위를 잃지 않고 우아하게 죽음을 맞이할 수 있을 것이다. 인간으로 태어나 어떤 삶을 살았든 간에, 품위 있고 우아하게 죽음 이후의 세상으로 진입하는 것이다. 그러려면, 그 세계에 대한 사전 지식이 필수다. 알고자 하면 스승도 찾아온다는데 말이다….

　요즈음 대한민국 노인들 사이에서 '버킷리스트 열풍'이 일고 있다. 2007년의 미국영화 「버킷리스트(The Bucket List)」의 내용은 시한부 판정을 받은 두 노인이 죽기 전에 하고 싶은 일의 목록을 작성하여 함께 여행을 떠난다는 과정을 그리고 있다. 한편, 우리나라 노인들도 생전 안 가본 곳을 가는 버킷리스트가 유행이란다. 최근에 동남아는 물론, 유럽이나 미국을 섭렵하고 남미나 아프리카로도 떠나는 노인이 늘고 있단다.
　영화 「버킷리스트」에서 여행을 마친 후, 두 사람이 나누는 마지막 대사가 기억에 남는다.

　"고대 이집트인들은 죽음에 대해 멋진 믿음이 있었다는 걸 아나? 천국에 들어가려면 두 가지 질문에 답해야 한다는군. 하나는 '인생에서 기쁨을 찾았는가?' 다른 하나는 '당신의 인생이 다른 사람들을 기쁘게 해주었는가?'라네."

　이는 아마도 청장년까지는 인생에서 기쁨을 찾아야 하고, 노년에는 다른 사람을 기쁘게 해주라는 의미가 아닐까?
　그런데 우리나라 노인들은 여전히 자신의 인생에 기쁨만을 찾겠다며 수첩에 빼곡히 적힌 버킷리스트를 자랑한다. 하지만, 노년에 청장년 시절 즐기던 것을 고집하면 결코 천국으로 가지 못한다는데….

'상계동 슈바이처'와 '버킷리스트 추종자'

2022년, 김경희 은명내과 원장이 향년 100세로 별세했단다. 그는 건강 보험 제도가 없던 시절, 서울 노원구 상계동에서 천 원만 받고 모든 진료를 해 '상계동 슈바이처'라고 불린 의사로 유명하다. 1920년생인 그는 세브란스 의전(현 연세대 의대)을 졸업하고 일본 교토대에서 박사학위를 받았다. 그는 의전 2학년생 때부터 동대문구 답십리 조선보육원 어린이들의 무료 진료를 시작으로 평생 사회적 약자를 위해 봉사했다. 광복 후에는 서울역에서 중국 만주나 일본에서 돌아온 교포를 치료했다. 이후 서울 판자촌을 돌며 무료 진료를 이어갔다.

1984년에는 상계동 수락산 자락의 판자촌에 은명내과를 열었다. 개원 후 1년은 무료 진료를 했지만, 환자가 많이 오지 않았다. 김 원장의 추측으로는 판자촌 주민들이 자존심 때문에 자신의 무료 진료를 피하는 것으로 생각했다. 그래서 모든 환자의 진료비를 천 원씩 받기로 했단다. 당시 택시 기본요금이 8백 원 정도였다니 '상계동 슈바이처'라 불리는 것은 당연하다. '천 원의 진료'는 건강보험 제도가 시행되기 전인 1989년 7월까지 계속되었다고 한다.

그 외에도 그는 사회사업도 활발히 펼쳤다. 그리고 1996년 4월에는 모교인 연세의료원에 평생 모은 전 재산인 21만 4,876㎡ 넓이의 토지를 기부했다. 고인은 당시 인터뷰에서 "천 원만 받고 진료를 한 것은 어떤 재산도 개인이 영원히 소유할 수 없다는 생각에서였다"며 "잠시 관리했던 재산을 이제 같은 마음으로 사회에 돌려주려고 한다"라고 밝혔다.

세상이 점점 살기 힘들다지만 이런 소식을 들으면 100세 시대에 이렇게 멋지게 살다 간 노인이 존재한다는 사실 그 하나만으로도 세상은 살 만하다고 하는 생각을 하게 된다.

그런 그가 죽었을 때 이런 소식도 들려왔다. 연세대 명예교수로 있는 모 장관의 남편이 코로나로 여행이 금지된 상황에 요트를 구매하기 위해 미국으로 출국했다는 소식이었다. 세간에 논란이 되자, 그는 대수롭지 않다는 듯이 말했다. "나쁜 짓을 하는 것도 아니고 그저 내 삶을 사는 건데 타인을 의식하며 내 삶을 양보하면서까지 살 수 없지 않으냐"고 했다.

내 인생이니까 내 멋대로 살겠다고? 아주 틀린 말도 아니다. 하지만 그는 개인적인 역할보다 사회적인 역할의 비중이 더 큰 사람이다. 다시 말하자면, 제멋대로 살기에는 사회에 빚이 많은 사람이라는 것이다. 그는 미국 모 명문 대학에 유학까지 하고 와서 소위 대한민국 최고의 대학에서 학생을 가르치다가 은퇴했다. 그런 공로로 현재 명예교수라는 타이틀을 지닌 사람이다. 그러면 그런 타이틀에 맞는 사회적인 처신은 당연하다. 김경희 의사 같은 명성은 고사하고 적어도 자신이 가르친 학생들이나 동문을 부끄럽게 보이는 것은 하지 말았어야 하는 것이 아닐까?

　명예가 누구보다 소중한 그이지만 사회적 비난을 감수하고 오로지 죽기 전에 버킷리스트 달성을 위해 굳이 떠난 요트 여행 중에 95세인 그의 아버지가 돌아가셨다고 했다. 그래서 장례에 참석도 하지 못했다고 한다. 70세 아들이 95세 노부를 두고 먼 길을 떠났다니. 소크라테스(Socrates)는 노년에 신중해지라고 했건만… 사도 바울(St. Paul)도 젊어서는 내 멋대로 살았지만, 노년에는 제멋대로 살지 못한다고 했다. 왜? 그만큼 역할이 늘었기 때문이다. 청춘일 때는 오로지 부모의 자식으로만 살았기에 부모에게만 빚진 자이지만 나이가 들수록 사회적인 역할, 부모의 역할, 부부 간의 역할, 고령화 시대에 오래 사는 부모 때문에 자식의 역할도 남았으니, 청춘처럼 제멋대로 못 사는 것이다.
　하지만 그는 당당하게 나쁜 짓이 아니라고 했다. 그는 요즈음 젊은이들의 표현에 의하면, '금수저를 물고 태어난 상위 1%'에 해당하는 사람이다. 누가 봐도 부러움의 대상이다. 꼭 남에게 해를 가하는 것만 나쁜 짓인가? 가진 것 없고 평생 세상 음지에서 소외된 사람들의 가슴에 분노와 허탈감을 준 것이 더 나쁜 짓이다. 예수님도 직접 남을 죽이는 것보다 마음에 이는 분노나 미움이 살인과 다름없다고 하셨다. 그리고 그런 사람의 분노에 찬 원망의 소리만 듣겠다고 하셨건만….

여기에 더하여 그는 공직자의 가족으로서 의무를 다해야 할 사람이기도 하다. 당시 코로나로 온 국민이 고통을 받던 시절에 외교 수장으로 있던 그의 아내가 당시 공직에 머무를 날도 얼마 남지 않았다. 아내가 맞이할 막중한 책임을 내려놓을 때까지 기다려 주는, 이른바 평생을 산 부부 간의 예의도 지키지 않은 지식인이라 할 수 있다.

어쩌면, 그는 버킷리스트를 채우기 위해 떠난 여행에서 모든 것을 잃고 돌아온 것은 아닐지….

하나님이 주신 십계명 중, 넷째 계명까지는 하나님에게 순종하라는 것이고 바로 다음 다섯째 계명은 부모에게 효도하라는 말씀이다. 그리고 이어지는 계명이 살인하지 말라는 계명이다. 이는 불효는 살인죄보다 무겁다는 말이다. 산 날이 많아지면서 그만큼 빚진 게 많아지는 인생에서 점점 그 책임은 무거워지건만, 제자를 길러내는 지식인이자 공직자의 남편이며 아버지의 자랑스러웠던 아들인 그가 노인이 되어도 그 책임을 모른다니….

그는 김경희 은명내과 원장과 같은 학교 동문이란다. 같은 학교를 나온 지식인인데 어쩌면 이렇게 열매가 다른지….

이만하면 한판 잘 놀았다

대한민국 베이비붐 세대란 한국전쟁 직후 태어난 세대로 통상적으로 1954년부터 1963년 사이에 태어난 세대를 의미한다. 전쟁 직후 지독한 가난을 경험했지만, 대한민국 역사 이래로 최고의 성장을 따라온 세대다. 격변의 세월을 살면서 나라 살림은 예전보다 좋아졌다지만 빈부 갈등, 세대 간 갈등, 남녀 간 갈등, 부모와 자식 간의 갈등, 정치적 갈등, 종교 갈등 등등, 현재 대한민국은 어느 하나 서로 일치하지 않는 갈등의 연속에서 살아가고 있다. 그 누구도 옳지 않고 오로지 자신이 최고라 주장하지만, 무리를 떠나 홀로 있으면 깊은 불안과 외로움에 잠을 이루지 못한다.

어느덧 노년에 접어든 베이비붐 세대. 남편은 평생 근무한 일자리에서 은퇴하고, 아내는 여전히 그런 남편의 세끼 밥을 차려주고 있다. 그런데 이것도 모자라서 장성한 자식은 독립할 나이가 지나도 결혼도 미루고 변변한 직업도 갖추지 못한 채 여전히 부모 곁을 떠나지 못하고 있다. 설사 결혼하여 독립했다는 자식들도 제 자식 키워달라고 부모에게 손을 내밀고 있는데, 봉양할 100세를 바라보는 부모님까지 살아 계신다. 이런 상황에서 베이비붐 세대 부부는 남은 40년을 어떻게 살아야 할지 전혀 방향을 가늠할 수 없다.

　한편, 전쟁 직후 국민소득 100불로 시작한 베이비붐 세대의 대한민국은 불과 60년 만에 국민소득 3만 불의 대한민국으로 성장했다. 즉, 무려 300배의 경제성장을 한 셈이다. 이처럼 경제성장 수치로 대한민국 경제를 좋게 평가할 수 있지만, 그 성장에 대해 국민이 느끼는 체감은 현저히 낮다고 한다. 그 이유는 아무리 경제가 좋아진다는 발표를 들어도 항상 그 속에는 '위기'라는 의식이 깔렸기 때문이다. 이만하면 잘사는 축에 있음에도 불구하고, 전쟁 직후 극도의 가난을 겪은 세대의 트라우마가 아직 남았기 때문이 아닌가 생각한다. 그래서인지 현재 보수를 주도하는 노년 세대는 유독 박정희 전 대통령 재임기의 대한민국에 대한 향수에 젖어 있다. 사실 그들의 청년 시절은 박정희의 독재체제에 가장 강력하게 맞선 진보 세대였다. 하지만 이제는 그 어느 세대보다도 박정희의 통치력에 높은 점수를 주는 보수 세대가 되어있다. 온몸을 불살라 정의를 부르짖던 청춘을 보내고 처자식 거느리고 살다가 환갑에 이르고 보니 먹고 사는 것이 얼마나 중요했던가를 뼛속까지 알게 되었기 때문일 것이다. 그래서 인간이 환갑을 넘기면 보수 꼴통이 되어 무조건 제가 다 옳다고 주장하며 세상에 믿을 놈 하나도 없으며 곧 세상이 망할 거라는 불안 심리만 남게 된단다.
　박정희 독재에 항거하며 민주화를 향한 열망의 결실로 나라 경제가 좋아질 줄 알았지만, 대한민국 최초의 민주 정부, 김영삼 정권 말기에는 국가부도 사태를 맞이했다. 그리고 이어받은 김대중 전 대통령은 금 모으기 운동으로 국민의 호주머니까지 털어 가면서 나라 경제를 책임지겠다고 호언장담했다. 그리고 이어지는 정권마다 경제 살리기에 나선다니 국민들은 여전히 배가 고픈 모양이다. 그새, 경제 수치는 점점 올라가고, 드디어 국민소득 3만 불 대에 들어서고, 경제 대국 10위권에 올랐다고 하지만 국민들은 여전히 불안하기만 하다.

옛말에 '밥그릇 빼앗겨 봐야 밥 귀한 줄 안다'고 했다. 갑자기 지구촌이 코로나 팬데믹 공포에 빠지니 그동안 얼마나 경기가 호황이었는지도 비로소 알게 되었다. 하지만 그런 공포의 시간이 지나 되돌아보니 마냥 나쁜 것만은 아니었다. '사회적 거리 두기'로 인해 번잡한 인간관계가 단절되니 비로소 자신을 돌아보게 된 것이다. 그동안 남이 가진 것만 보며 불평불만 했지만, 홀로 살아보니 그래도 살만하다는 것을 알게 되었다. 또한, 각자의 일로 분주했던 가족이 집안으로 다시 모이니 가족의 소중함도 알게 되었다. 코로나로 다른 나라에서는 이혼이 늘었지만 우리나라는 오히려 이혼이 줄었다는 통계가 나왔다니⋯ 그래서 대한민국 국민은 위기에 강한 민족이라고 하는 모양이다.

노년에 접어든 대한민국의 베이비붐 세대. 그 어느 세대보다 격변의 시절을 살아온 세대다. 잘살아 보겠다고, 출세해 보겠다고 몸부림을 치며 살았지만, 어느새 부모가 되어 손주까지 보는 나이가 되었다. 그래도 이 세상에 아직 할 일이 남았다고 자리를 지키며 버티고 있지만 이제 자식들에게 자리를 내주어야 할 때다.

자식들이 미덥지 못하다지만 혹은 경험이 없어 미숙하다지만, 결국 미래는 그들이 사는 세상이다. 철학자 소크라테스도 당시 젊은이들 때문에 "세상이 망할 것 같다"라고 했지만, 오늘까지 세상은 꾸준히 발전해 오고 있다. 세상은 그런 젊은 혈기로 발전해 나가는 것이다.

되돌아보니 그 어느 세대보다 한판 잘 놀았다. 혹자는 아쉬울 때 떠나라고 했다. "어떻게 살 것인가?"를 고민하기보다는, "어떻게 죽을 것인가?"를 생각하는 것이 오히려 남은 인생을 인간답게 잘 사는 것이리라. 그래서 내가 경험한 죽음에 대한 것을 써 보았는데….

2024년 1월
신광옥

◦── 1부 ──◦
비밀로 가득한 세상

○── **2부** ──○

사후의 삶

3부

아름다운 죽음이 살아온 생을 아름답게 만든다

◦─── **4부** ───◦

위기를 감지하는 여자의 능력

1부

비밀로 가득한 세상

✳

'고독(孤獨)'이란, 자기 주변에 사람이 없기 때문이 아니라 중요하게 여기는 것을 전할 수 없거나, 나는 가치 있다고 여기는 생각을 다른 사람에게는 황당무계한 것으로 간주하여질 때 생기는 법이다. 또, 어떤 사람이 다른 사람보다 더 많이 알게 되면 고독해진다. 하지만, 고독이 혼자만의 세계에 빠진 것을 의미하는 것은 아니다. 오히려 다른 사람에게 더 호감을 느끼면 그들의 경험을 공유할 수 있기 때문이다.

사람은 각자 자신만의 비밀로 가득 찬 세계를 살고 있다는 것을 알아야 한다. 그리고 세상을 살면서 마음속으로 예상되는 일뿐 아니라, 때로는 설명할 수 없는 일들을 경험하기도 한다. 예기치 못한 일과 일찍이 들어보지 못한 일이 바로 이 세상에서 일어나는 일들이다. 이런 세상은 나에게 처음부터 무한하고 방대하여 파악하기 어려운 것이다.

　- 카를 구스타프 융의 자서전 『기억 꿈 사상(Memories, Dreams, Reflections)』에서…

1
혼돈과 공허뿐인 세상

의학의 발달로 인간의 수명이 120세 장수 시대로 접어들었다고 한다. 인류가 우주 정복을 시도하고 인공지능을 개발하면서 이제는 인간이 죽지 않는 시대가 곧 올 거라고 들떠 있던 무렵, 코로나바이러스가 등장했다. 처음에는 그저 한 지역에서 발생한 국지적 바이러스라 판단해 대수롭지 않게 여겼지만, 순식간에 전 세계로 퍼져 나가면서 사람들은 공포 속에 빠져들었다. 2차 대전 종전 이후, 전 세계는 대문을 활짝 열고 모두 하나라며 생산성을 높이고 소비가 미덕이라는 기치 아래 어깨동무하며 함께 움직였는데, 이 정체불명의 바이러스가 출현하면서 일제히 문을 닫아걸었다. 인생은 즐거운 것이라며 "놀자", "먹자"를 외치던 잔치판은 순식간에 사라져 버린 것이다. 인간이 질병을 정복하며 오랫동안 살 수 있을 것이라 했건만, 질병이 인간의 질병 정복 속도보다도 더 빨리 치고 나가면서 도리어 그들을 공격한 것이다. 그렇게 바이러스가 출현하여 세상이 움츠러들었다.

하지만 세상은 절대 달라지지 않았다. TV를 켜면 "먹고 마시며 춤추자"라는 외침뿐이다. 또한, 개인 방송 채널이 활성화가 되자 대중적인 TV 방송은 식상 하다며 자기가 선호하는 방송에 몰입하며 패를 가르기 시작했다. 특히, 우리나라는 오랫동안 방송을 통해 '진보 대 보수'라는 정치적인 대립각을 세우면서, '젊은이 대 기성세대'라는 세대 간의 갈등 또한 심화하였다. 이런 갈등은 여지없이 가정으로 침투하여 아버지와 아들이 대립하고 엄마와 딸이 대립하는 모습으로 나아갔다.

아버지는 태극기를 들고 광장으로 나갈 때 아들은 촛불집회에 나가고, 엄마는 트로트 가수에 열광할 때 딸은 아이돌 가수에 열광하며 울고 웃지만, 이는 그저 주인공만 띄워주는 쭉정이 인생일 뿐이다. 여기에 더하여 인터넷 영상 플랫폼 채널이 활성화되면서 오로지 자신이 추종하는 것에 몰두해 돈과 시간을 빼앗기고 영혼마저 털림에도 불구하고 이를 사회 트렌드라고도 부른다.

이렇게 사람들은 일시적 트렌드에 폭발적인 관심을 가지며 이러쿵저러쿵하지만 그저 한 장의 화면처럼 지나가고 마는 것들일 뿐, 나와는 상관도 없는 것들이 아닌가? 노래 한 곡으로 수백억을 벌든, 내가 지지하는 사람이 대통령이 되었든, 시대 운을 타고 떼돈을 번 기업인이 도대체 나와 무슨 상관일까? 그저 바라보는 방관자로서 "좋겠네", 혹은 "어쩌나 쯧쯧…" 하면서 그저 각자의 일상으로 돌아갈 뿐이다.

세상에 일어난 큰 기쁨이나 큰 슬픔이 내 손톱 밑에 가시만 하겠는가? 그런데도 우리는 남의 일에 몰입하느라 정작 나의 일을 잊고 살아간다. 도대체 나는 누구이며 나는 어떻게 살아야 할지를 고민하기보다는, 창밖에서 펼쳐지는 화면을 뚫어지게 바라보며 화면 속의 인생을 바라보며 울고 웃고 있다. 그러면서 그가 혹은 그들이 나를 행복하게 해줄 거라는 믿음으로 편을 가르고 그들을 대신해서 논쟁하며 싸우느라 하루해를 보낸다.

우주를 정복하고 인간이 죽지 않는 세상이 도래할 거라고 하지만, 어찌

된 일인지 갈수록 혼돈과 공허뿐인 세상이다. 오늘날의 세상이 상상을 초월할 만큼 발전했다지만, 문명이 아무리 크고 화려하게 성장했다고 지는 해를 멈추게 하고 부는 바람을 잠재울 수가 있는가?

인간이 최첨단 장비에 둘러싸인 초고층 빌딩에 살든 원시 상태인 동굴에 살든, 하루를 먹고 사는 것은 전혀 변함이 없다. 언어가 통일되고 인간들이 모여 바벨탑을 쌓아 하늘에 도전장을 내자 결국 하나님은 그 탑을 무너뜨리고 인간의 언어를 서로 달리했건만, 집요한 인간들이 또 언어를 통일하고야 말았다. 이제 세상 모든 인간은 '스마트폰'이라는 화면 하나면 어떠한 정보도 그대로 받아낼 수 있다.

몇 년 전만 해도 사람들은 스티브 잡스(Steve Jobs)가 수십조의 재산을 남기고 죽었다며 애통해하더니 이제 그를 기억하는 사람들은 아무도 없다. 그는 죽어 땅속에 묻혔지만, 그가 만든 스마트폰은 영화 속 괴물 '에일리언(alien)'처럼 자체 발달을 가속하면서 결코 인간이 통제할 수 없는 지경에 다다르게 되었다.

사람들은 모두 스마트폰을 귀한 보물처럼 손에 부여잡고 수많은 정보와 이야기를 빠른 속도로 보여주는 화면에서 눈을 떼지 못하고 있다. 그래서 더는 자기의 이야기를 하지 못한다. 오로지 스마트폰 화면에서 올라오는 사건 소식이나 사람들의 소식에 대해서만 말한다. 인간은 더는 자신이 누구인지, 무엇을 위해 사는지, 왜 사는지도 모르고 그저 남의 인생을 바라보며 갑론을박하고 있다.

심리학자 카를 융은 다음과 같이 말한다. "인간의 존재 의미는 인생을 살아가는 내게 물음을 갖고 있다. 다시 말하자면, 나 자신이 세계를 향하는 하나의 질문이며, 나는 거기에 대한 답을 제시해야 한다" 나의 인생에 대한 스스로 스토리를 만들어야 비로소 인간 존재 의미가 있다는데, 어쩌자고 남의 인생을 따르기만 하려는지….

오늘날 세상은 현대 과학의 발전으로 전 세계를 한눈에 볼 수 있는 시스템으로 인해 인간 본연의 모습은 사라지고 과학 문명에 종속된 괴물로 변해가고 있다. 스마트폰 화면에 몰입하는 시각 효과는 인간의 모든 생각을 말살하는 주범이 되었다. 시시각각 전개되는 보통명사에만 몰입하느라 더는 추상명사가 설 자리가 없다. 눈에 보이지 않지만, 하나님이 인간에게 선물로 주신 사랑, 소망, 은혜, 희망 등등, 수많은 추상명사에 대한 꿈을 더는 꾸지 못한다. 이처럼 문명이 자체 발광(發光)하다가 모든 인간을 한꺼번에 쓸어 담아 어느 날 속절없이 종말을 맞이하는 것은 아닐까?

사실 문명이 인간에게 편리함을 줄지는 모르지만 삶을 바꾸지는 못한다. 통신 기술이 아무리 발달했다 해도 인간이 먹고사는 것과는 전혀 관계가 없다. 지구 저편에서는 화산이 폭발하고, 서로의 가슴을 향해 총부리를 겨누는 전쟁을 치르고, 기근으로 누군가가 굶어 죽어도 나는 오늘, 때가 되면 먹어야 하고 배설하고 한 평 남짓한 침대에 몸을 누이고 자야 한다. 즉, 내가 존재해야 세상도 존재하는 법이다. 내가 없는 세상이 아무리 크고 화려한들 나와 무슨 상관인가? 그저 해는 떠서 저녁이면 무심하게 그곳으로 돌아가고 계절은 또 그렇게 오고 가건만….

2
처음 가보는 120세 시대

앞으로 인간의 평균 수명이 100세를 바라보게 되는 것은 인류 역사 이래로 처음 있는 일일 것이다. 「창세기」 속에서 등장하는 인물들의 수명이 수백 년을 넘나드는 것을 두고 "참이다", "거짓이다." 하겠지만, 아마도 인간이 청정 지역에 살면 그렇게 살 수도 있는 것일지도 모른다. 지구상에 4백 년을 사는 척추동물로 '그린란드상어(Greenland shark)'가 있으니, 만물의 영장인 인간이 그만큼 살지 못할 이유는 없다. 그러나 인류 문명의 발달로 자연환경이 파괴되면서 각종 전염병이 창궐하여 인간을 위협하고, 문명과 문명의 충돌로 같은 인간끼리 죽고 죽이는 싸움을 이어갈수록 인류 평균 수명은 급격히 낮아졌을 것이다. 그 정점에 해당하는 시기는 인류 문명이 가속화되던 중세로, 당시 인간의 평균 수명이 30대 중반이었다고 한다. 한편, 우리나라는 구한말에 평균 수명이 29세였다고 한다.

100세 시대, 인류 역사 이래로 처음 나아가는 길이자 새로운 역사를 써내려가는 셈이다. 과연 인간은 100세 시대의 역사를 어떻게 써서 후대에 남길지 자못 궁금하다. 노인이 오래 살아 세상을 지켰다고 할지, 아니면 고려장을 법제화했어야 한다고 할지 말이다. 10여 년 전, 서울대 학생에게 부모님이 얼마까지 살았으면 좋겠느냐는 질문에 63세라고 답하자, 부모들이 충격을 받았다고 했다. 하지만, 2022년 일본에서 제작된 영화 「플랜 75(PLAN 75)」를 보면 인구 노령화가 가속화되며 나라 복지 예산에 막대한 지장을 초래하자, 결국 일본 청년들은 75세 이상 노인을 자발적으로 죽게 하는 법을 통과시키는 이야기가 등장한다. 영화는 실제 일본에서 2025년에 75세 이상 인구가 25%까지 늘어날 것이라는 통계 보도를 토대로 제작된 픽션이었고, 국제 영화제에서 '주목할 만한 시선'으로 입선하여 상도 받았다고 한다.

불과 10년 만에 젊은이들의 노인에 대한 시선이 "그들이 죽었으면 좋겠다"는 생각에서 "죽여야 한다"는 것으로 바뀌었고, 시대는 어느덧 100세 시대에서 120세 시대로 바뀌었다. 노인의 수명은 점점 더 늘어나는데 서로를 바라보는 괴리감은 점점 커지고 있다. 과학의 발달로 인간이 오래 살면 세대 간의 갈등은 그만큼 심화한다는 말일 것이다. 과학이 발달하여 우주를 정복하고 인공지능의 시대가 도래한다지만, 지구의 환경은 한 치 앞도 모르게 변하고 있다. 예상치 못하게 2020년에 코로나바이러스가 창궐하면서 지구촌이 요동치고, 이어서 전쟁이 일어나면서 다시 세계 전쟁에 대한 두려움도 커지고, 자연재해가 심화하여 식량 고갈이라는 화두도 현실화하고 있다.

이런 현실을 바라보며 노인 세대에 대한 젊은이의 생각에 분노하기보다는 그들이 왜 그런 생각을 하게 되었는지, 노인이 먼저 생각해 보는 수밖에 없다. 노인을 쓸모없다고 생각해서 고려장을 만드는 것도 젊은

이의 몫이며, 살다 보니 노인 없이는 안 되는 문제에 직면하자 고려장을 폐지하는 것도 젊은이의 몫이다. 결국, 젊은이에게 인정받고 싶다면 노인만이 할 수 있는 것을 차별화할 수밖에 없다. 노인이 젊은이와 경쟁해서 이기는 것은 단 하나, 오래 살면서 쌓은 연륜뿐이다. 오로지 그 연륜에서 묻어나는 지혜와 통찰력뿐이다.

발달심리학에 따르면, 인간의 육체는 20세를 정점으로 퇴화하지만, 정신은 120세까지 계속 발달한다고 한다. 그런 정신은 영의 지배를 받으며 영은 죽어서도 가지고 간다고 한다. 청장년 시절을 살 때는 육체와 정신만으로도 세상을 충분히 살아가지만, 노년기에는 영적 훈련이 절대적으로 필요하다. 그 이유는 영은 죽어서도 가지고 가기 때문이다. 이런 영적인 훈련은 별거 아니다. 세상과 결별할 준비를 하고 새로운 세상으로 갈 준비를 하는 것이다. 심리학자 카를 융은 이 세상의 모든 불행과 어려움은 병든 영혼에 뿌리를 박고 있다고 주장한다. 카를 융의 말은 영적인 분별력이 절대적으로 필요한 노년기에 바른 영을 찾는 구도의 길을 가야 한다는 말이 아닐까? 내가 원해서 태어난 것도, 부모를 선택해 태어난 세상도 아니지만, 지금껏 노인들은 청장년 시대를 그 어느 세대보다도 자기주도적으로 살아왔다. 노인들은 이제 그런 세상으로부터 떠나가 새로운 곳을 바라보며 주도적인 선택을 할 수 있는 시기라는 것이다.

그러나 대한민국 노인들의 시선은 여전히 세상을 향해있다. 그 어느 세대보다 역동적으로 살아서 그런지 세상을 향한 열망과 분노도 큰 것 같다. 다른 나라에서는 노인들이 청년처럼 광장에 나가 정치적인 구호를 외치는 것도 드문 현상이라고 한다. 물론 나라를 생각하며 후대에 바른 세상을 물려 주겠다고 하지만, 지금의 세상은 젊은이들이 사는 세상이다. 소크라테스도 당시 젊은이들 때문에 세상이 망한다고 했다하지 않던가? 결국, 세상의 이치를 많이 안다는 노인이 아니라 청년의 무모함으로 세상이 발전해 나가는 거란다.

인간이 자녀를 백 명이나 낳고, 장수하고 오래 산다고 하더라도 그 마음이 행복하지 않으면 "차라리 낙태된 아이가 그 사람보다 낫다"라고 「전도서」에서 말한다. 살아서 죄를 더하느니, 엄마 태에서 죽는 게 낫다는 말을 노인은 깊이 새겨들어야 할 것이다.

노인은 그동안 살아왔던 세상은 후대에 남기고, '장차 가야 할 곳'을 바라보아야 하는 것을 아닐지. 그저 내려오면 다 보이겠건만….

3
염려 근심만 늘어난 장수 시대

21세기 첨단과학 시대라며 인공지능을 개발하고 우주 정복을 꿈꾸던 그때 코로나바이러스가 인간을 공격했다. 인간이 질병을 정복하며 오래 산다고 했지만, 질병이 더 빨리 치고 나가면서 인간을 공격한 것이다. 만물의 영장인 인간이라지만, 지구 상에서 인간처럼 미약한 존재는 없다. 맹수 앞에서 도구가 없으면 절대로 이기지 못하고, 눈에 보이지도 않는 바이러스 앞에서도 속수무책이며, 때론 돌부리에 넘어져 죽기도 하는 연약한 존재다. 옛말에 '접싯물에 코를 박고 죽는다'는 말이 그냥 나온 말이 아니다. 세상 정복했다고 큰소리를 치지만 한순간에 속절없이 죽는 게 인간이다.

　과학의 발전으로 인류를 지킨다? 문명은 편리함을 가져다주지만 그만큼 위협 또한 가져다준다. 도시의 발달로 공기가 오염되고, 자동차나 비행기 등등 편리한 교통수단이 등장했다지만 여전히 인명사고가 속출한다. 또한, 불특정 다수로부터 받는 신체적 위협을 넘어 정신적 위협을 가하는 인터넷 악성 댓글까지 등장했다. 이처럼 예측을 뛰어넘는 질병과 자연재해가 점점 심화하고 있다. 사실 이런 환경에서 영생은 또 무슨 의미가 있을까?

먹을 것이 없을 때는 배고파 죽겠다고 아우성치더니 먹고살 만하니 이제는 사는 게 별거 아니라고 한숨을 짓는다. 급기야 그토록 애착을 두고 사랑했던 가족도 소용없다며 120세 시대에 남은 생을 살 걱정에 싸여 잠을 이루지 못한단다. 3천여 년 전에 쓰인 「전도서」에 따르면, '이룬 것이 없는 사람은 단잠을 자나, 이룬 것이 많은 사람은 잠을 이루지 못한다'고 하더니… 결국, 인간은 어떤 시대를 살던 단잠을 자는 것이 가장 건강한 모양이다. 의학의 발전으로 육체는 더 오래 살게 되었다지만 근심 걱정은 그만큼 늘어난 것이다.

인간은 자기의 경험이나 지식으로 사물과 상황을 판단하고 예측하며 치고 나간다지만, 인류 역사는 인간의 예측대로 간 적이 없었다. 그래도 인간은 미래에 대한 예측을 해나가며 두려움을 문명으로 극복하려 했지만, '문명의 이기'는 날로 흉포해지고 있다. 결국, 인간은 어떤 세상을 살던, 인간으로 태어나는 순간부터 한 치 앞도 모르는 세상을 살다가 "죽는다"라는 분명한 한 가지로 끝을 낸다.

이처럼 당연히 죽음을 안고 살아가는 인간이지만 인간은 사는 동안 결코 죽음을 알려 하지 않는다. 그리고 죽음을 막연한 감상으로 이해하려 한다. 최근에 관에 누워 죽음을 경험하자는 임사체험 프로그램을 방송하는 것을 본 적이 있다. 대부분 관에 들어가기 전에 일제히 남은 가족에게 "사랑한다", "미안하다", "고맙다"며 눈물, 콧물을 짜지만, 그저 그러고 싶다는 인간의 감상적인 허구일 뿐이다. 정작 죽음을 선고받는 순간, 인간은 아무리 가족을 사랑했다 해도 본인의 죽음에 충격을 받아 두려움에 떨 뿐이다. "그럼 나는?", "설마?" 하면서….

한때 '9988234'라는 용어가 유행한 적이 있다. 99세까지 팔팔하게 살다가 2~3일 앓다가 죽는 것이 소원이라는 뜻이다. 사실 그런 말을 쉽게 한다는 것 자체가 본인이 죽을 거라는 생각을 하지 못하기 때문이다. 그런 농담도 80세가 넘으면 절대로 입 밖으로 내지 않는다고 한다. 그 이유는 그때는 정말로 죽음이 임박했다는 것을 알고 있기에, 죽음의 '죽' 자도 발설하지 않고 하루라도 더 살 궁리를 한다는 것이다. 영국의 철학자 토머스 홉스(Thomas Hobbes)가 죽기 전에 이렇게 말했다고 한다.

"죽어갈 때 가지고 있던 모든 것과 바꾸어 하루라도 더 살고 싶다. 내 앞에 다가오는 저 세상을 조금만 더 들여다볼 수 있는 작은 구멍이라도 있었으면…"

이처럼 죽음을 앞두고 하루라도 더 살고 싶다고 처절하게 절규한 세기의 철학자 토머스 홉스는 17세기 영국에서 태어난 사회주의 철학자다. 그는 당시 투쟁과 억압으로 혼돈된 사회에 오늘날과 같은 국가관의 기초를 확립한 대가였다. 그러나 그의 말년은 아주 비참했다. 그는 91세까지 살았지만, 중풍으로 몸을 제대로 쓰지 못하고 죽기 직전에는 전신 마비와 언어 마비까지 왔다고 한다. 게다가 죽기 전에 회개의 성찬식을 받기를 강하게 원했지만, 끝내 뜻을 이루지 못했다. 그는 목사의 아들로 태어났으나 신을 부정하며 살았고, 죽기 전에는 하나님을 찾았지만 결국 만나지 못한 것이다. 한 시대를 주름잡았던 철학자이면서 당시로써 91세라는 나이로 장수했지만, 마지막에 이처럼 두려움에 사로잡혀 세상을 떠나고 말았으니…

세상에서 모든 것을 다 해보았다는 솔로몬(Solomon)이 죽기 전에 한 그 한마디가 떠오른다.

"헛되고, 헛되고, 헛되고, 헛되도다."

4
환갑노인

120세 시대를 바라보는 오늘날, 환갑에 이른 사람을 보고 '노인(老人)'이라고 부르면 불같이 화를 낼 것이다. "60세면 이제 절반밖에 안 살았다"며 말이다. 그러나, 인간의 나이 60세가 되는 해를 환갑이라고 부르는 이유가 있다. 동양적 사고로 환갑은 육십갑자의 시간의 개념을 따른다. 거대한 원형을 따라 시간의 바퀴가 일정하게 돌고 또 돈다는 순환 개념은 동양인이 가진 보편적인 시간 개념이다. 좀 더 자세히 설명하자면, 10개의 천간(天干)과 12개의 지지(地支)로 햇수를 세는 고유의 방법이라고 할 수 있다. 어쨌든, 인간마다 태어난 해와 12개의 띠가 맞물려 이어지다가 다시 만나는 해가 바로 60년이라는 것이다. 그래서 환갑이라는 표현을 쓴다고 한다.

천지가 한 바퀴 돌 만큼 세상을 산 천수⋯ 21세기를 사는 사람들에게 환갑이 천수를 누린 나이라니, 그것은 호랑이 담배를 피우던 시절의 이야기라며 코웃음을 칠 것이다. 그러나 이런 말도 있다. 인간이 환갑이 되면 세상의 이치를 다 깨닫는 나이라고들 한다. 그래서 신이 더는 살려두고 싶어 하지 않는다는⋯:

인간의 수명이 이처럼 늘어난 시점에서 환갑을 맞이한 사람은 청년처럼 사는 제2의 인생을 꿈꾼다고 한다. 하지만, 사실 인간이 환갑을 넘기면 전에 없이 죽음을 생각하게 된다. 그동안 크고 작은 질병에 의연하게 대처해왔던 예전과 달리 사소한 신체 변화에도 '혹시?' 하면서 민감하게 반응하기 시작한다. 말로는 120세를 살 거라고 큰소리를 치지만, 이미 몸 안에는 죽음의 그림자가 자리를 잡고 있다는 것을 스스로 느끼기 시작한다. 그래서 인간이 60세 전후로 살던 시대는 미처 죽음을 생각하지 못하고 살다가 죽었던 시대고, 100세는 무난히 산다는 오늘날은 결국 남은 40년을 죽음에 사로잡혀 사는 시대가 되었을 뿐이다. 곧, 내가 살아 있다지만 죽은 것이나 다름이 없는 상황이니, 엄밀한 의미에서 온전하게 살았다고 할 수는 없는 것이 아닐지 하는 생각이다.

비록, 육체적으로 건강하게 살아 있어도, 생각은 죽음 쪽에 가까이 있는 나이, 결국 '노인'이라는 질병에 걸린 것은 아닐까? 현대인은 그런 상태에서 의학이 발달했다며 다시 청년 같은 상태로 돌아갈 것을 기대하지만, 완치 불가능한 질병의 치료 기간만 늘린 셈이다. 어차피 세상에 태어난 모든 인간은 죽음으로 끝이 나기 때문이다.

세상에 태어나는 인간은 각자의 수명대로 산다. 아주 어려서 죽거나, 아니면 청장년에 죽기도 하고, 환갑을 전후하여 죽기도 한다. 또, 어떤 사람은 120세까지 살기도 한다. 고대 시대에도 지금보다 평균 수명이 낮았을 뿐이지, 100세까지 사는 사람도 있었다. 그러나, 60세를 천수로 알고 60세 전후로 죽은 과거 노인의 마음과 100세를 살아도 만족함이 없는 오늘날 노인의 마음 상태는 각각 어떨까?

그래서 흔히 '죽을 복'이 있으라고 했다. '죽을 복'이란, 이만하면 됐다는 만족으로 죽는 것을 의미하는 것이리라. 그러나 100세 시대에 죽는 나이가 마치 세상의 복을 누리는 상징처럼 여겨지다 보니 경쟁적으로 오래 살려는 마음뿐이다. 그러니 '이만하면'이라는 만족감은 절대 없다. 100세 시대라지만 40년을 죽음과 싸우면서 고통 속에 세상을 살다 떠나는 것은 되레 복이 아니지 않을까? 3천여 년 전에 쓰인 「전도서」에 이런 말이 있다.

> "정녕 사람이 천 년의 갑절을 산다고 해도, 살아생전에 자기 가진 것으로 즐거움을 누리지 못하고, 또 죽어서 평안함으로 누리지 못한다면 오래 사는 것이 무슨 소용이 있으랴! 결국, 모든 사람은 언젠가 다 죽어 모두가 똑같이 무덤으로 내려가지 않는가."

베이비붐 세대가 드디어 환갑에 이르렀다. 국민소득 100불에서 태어났으나 3만 불의 고지에서 은퇴하니, 60년 만에 300배라는 성장을 따라온 경이적인 세대다. 그래서 그 어느 세대보다 자기 성취도가 높은 세대다. 하지만 그런 그들도 이처럼 죽음이 성큼 다가온 나이에 이른 것이다.

또한, 대한민국 역사 이래로 100세 시대로 진입하는 첫 세대이다. 현재 80세 이상 고령의 노인은 결코 노년을 준비하지 못한 세대다. 그들은 그저 어쩌다 길어진 노년을 맞이하면서 대부분 요양원에서 생을 마감하고 있다. 자기 주도적으로 인생을 계획하며 살지 못하면 살았다고 할 수 없다.

결국, 대한민국 베이비붐 세대는 노인의 바른 인생관을 보여주는 첫 세대인 셈이다. 다시 말하자면, 길어진 노년에 대비하여 바른 노년의 모습을 후대에 보여주어야 할 첫 세대인 셈이다. 더하여 대한민국 역사 이래로 처음 가는 시대적 사명도 있다. 그래서 길어진 노년에 대한 대비를 단순히 청년처럼 살려 하기보다는 죽음을 앞둔 노년의 삶을 생각해야 할 때가 아닐지….

이미 노령화가 빨리 진행되었던 서구 사회에서는 죽음에 관한 연구가 활발하다. 대부분 남은 생을 어떻게 살 것을 논하는 것이 아니라 어떻게 죽을 것이냐를 논하는 것이다. 그래서 미국에서는 『어떻게 죽을 것이냐 (Being Mortal)』라는 아툴 가완디(Atul Gawande)의 책이 베스트셀러 반열에 올라와 있다.

사실 엄연한 죽음 앞에서 그저 막연히 죽음을 회피하기보다는 죽음을 받아들이면 사는 인생이 더 즐겁지 않을까? 적을 알아야 적을 이긴다고 했건만….

5
떠날 자리에 있는 베이비붐 세대

세상에는 두 종류의 인간이 있다. 신이 있다고 믿는 사람과 신이 없다고 믿는 사람이다. 못 믿는 사람은 다시 둘로 나뉜다. 아는 것이 너무 많아 못 믿거나, 혹은 너무 무식해서 못 믿는 부류로 나뉜다. 최근 종교가 지나치게 현실의 복을 강조하며 세력을 확장해 나가지만, 사후세계를 바르게 인정하는 것이야말로 종교의 본질이라 하겠다. 그것이야말로 인간을 가장 인간답게 만든다. 내가 살아온 삶의 과정이 죽음 이후에 평가되고, 그 가치가 후대까지 이어진다는 엄연한 사실을 인정한다면 인간은 지금처럼 자기 욕심대로 살지 않는다. 그러나, 하나님은 모르고 한 짓은 용서하지만, 알고 저지르는 죗값은 철저하게 묻겠다고 하신다.

정말 정상에 오를 때까지는 세상이 전부인 줄 알고 살았다. 산 정상에 아름답게 펼쳐진 무지개만 바라보며 앞서가는 사람들의 뒤꽁무니를 허겁지겁 따라 올라온 것뿐이다. 그렇게 정상을 향해 올라온 베이비붐 세대, 어느새 노년에 접어들었다. 막상 올라와 보니 그동안 바닥에서 벗어나려고 기를 쓰며 살아왔던 세상을 내려다보게 되었다. 그러나 더는 그 세상은 네 것이 아니라고 하는데도 미련이 남는다. 더 오를 곳도 보이지 않는데 그동안 고군분투했던 세상에서도 떠나라 하면 도대체 어떻게 하라는 건지… 100세 시대에 40년이라는 세월을 더 살아야 하는데… 그래서 혹여 밀어내는 세상에 분노하며 남은 생을 살게 되는 것은 아닐까 염려가 된다.

흔히 인간이 죽을 때는 한 가지 감정만 품고 죽는단다. 그렇게 분노한 마음을 품으면 세상에 집착하며 주변을 떠도는 악한 영(靈)이 되고 만단다. 그래서 예수님은 세상 떠나기 전에 세상과 화해를 하라고 하신다. 살아온 세상에서 더는 미운 상대가 없어야 영혼이 깃털처럼 가벼워져 쉽게 떠날 수 있다는 것이리라.

이처럼 마지막이 살아온 인생을 판가름한다. 시작은 결코 내 책임이 아니다. 부모를 내가 선택해서 태어난 것도 아니다. 또한, 살아가면서 겪는 일에 수많은 시행착오를 겪으면서 남도 속이고, 때론 자신도 속이면서 살아왔다. 그렇게 좌충우돌하면 살아온 것도 다 용서된다고 한다. 그러나 마무리는 온전히 내 책임이라 하니… 결국, 인생의 마지막 단계인 노년에 어떤 마무리를 하느냐가 시작에 대한 책임과 후손에게 미칠 영향을 결정짓는다. 그래서 「전도서」에서도 죽는 날이 태어난 날보다 낫다고 하지 않던가. 그렇기에 노년에 더 사는 것은 축복이 아니라 자칫 죄를 더할지 모른다는 무거운 과제를 남길 수 있다.

영생이라는 개념으로 생각하면 인간이 세상에 사는 시간은 마치 찰나와 같다고 한다. 그래서 「전도서」에서는 그 짧은 순간을 사는 세상에서 죄를 짓고 불 못으로 간다면 차라리 어머니의 태안에서 죽는 게 낫다고 하지 않던가. 따라서, 인간이 세상에 태어나 오래 살기를 소원하기보다는 의미 있는 삶을 살아야 한다.

따라서 노년기는 삶과 죽음의 중간 단계라는 생각이 든다. 더 엄밀하게 말하면, 돌아가지 못할 삶의 자리가 아니고, 가야 할 죽음의 자리에 있는 것으로 생각한다. 그러나 돌아가지 못할 세상에서 보면 죽음의 자리이고, 가야 할 세상을 바라보면 생명의 자리이다. 내가 더 힘을 쓸 수 없는 자리라면 내게는 죽은 자리고, 가야 할 곳에 소망을 품으면 그곳이 바로 생명의 자리가 되는 이유다. 그저 세상일은 후대에 맡기고, 가야 할 곳에 소망을 품는 나이가 바로 노년이건만….

이런 노년을 생명의 자리로 만들려면, 스러져 가는 육체 운동에만 매달리지 말고 영적 운동을 해야 할 때다. 요즈음 오래 살겠다고 온갖 영양제를 먹고 기를 쓰며 육체 단련 운동을 하지만, 죽는 순간 육체는 버려지고 영만 떠난단다.

영(靈)의 무게가 21g이란다. "그런 게 어디 있어? 죽으면 끝이지" 하면서도 인간은 영의 무게까지 과학적으로 측정한다. 믿지 못하겠다면서 내심 전면 부정도 못 한다. 최근 인간이 오래 살다 보니 이처럼 영의 무게를 재는 것은 물론, 죽은 육체에서 떠나는 임사체험을 과학적으로 증명하겠다는 움직임도 가속화되고 있다. 과학이 발달하면서 사후세계 같은 것은 없다고 입증하려 했건만 오히려 더 분명해지고 있다.

카를 융은 사후세계가 있기를 바라는 것도 아니지만, 끊임없이 그런 생각이 떠오른다고 언급했다. 그러면서 그는 사후세계가 없다는 생각보다, '있다'라는 생각이 훨씬 삶을 풍성하게 한다고 했다.

인간이 사는 동안 사후세계를 "믿네", "안 믿네" 하지만, 역사 이래로 수많은 철학자나 신학자나 혹은 심리학자 대부분은 "사후세계는 있다"는 쪽 의견이다. 그것은 단순히 느낌이나 신화처럼 꾸며진 것이 아니라, 창조자 하나님이 인간의 마음에 영혼을 사모하는 마음을 심어 놓으셨다고 한다. 그래서 카를 융은 인간의 집단 무의식에 그런 마음이 심겨 있다고 한다.

그러면, 있다는 쪽으로 마음을 정하고 그동안 세상에서 육체적인 에너지로 삶을 살았다면 노년에는 영적인 에너지를 회복하며 갈 곳을 대비하는 것이 바람직하지 않을지…

6
베이비붐 세대, 그 가난한 시작

대한민국의 베이비붐 세대, 3년간의 한국전쟁이 끝난 1953년 이후에 태어난 세대를 말한다. 전쟁으로 황폐해진 동토에 봄을 기대하며 아이들이 쏟아져 나오기 시작했다. 마치 팝콘처럼 폭발적으로 아이들이 태어났다고 해서 '베이비붐'이라고 불린다. 먹을 것도, 입을 것도 없는데 아이들이 쏟아져 나오던 그 당시, 우리나라의 국민소득은 고작 100불에 불과했다. 당시 유엔에 등록된 120개의 나라 중에 인도 다음으로 최빈국으로 기록되어 있었다. 하지만, 이후로 60년 만에 국민소득 3만 불을 달성했다. 60여 년 만에 300배로 성장하여, 세계 경제 규모 10위권을 넘나드는 대한민국의 모습을 보고 세계 사람들은 인류 역사상 유례없는 성장의 역사라고 말한다. 이처럼 베이비붐 세대는 극도의 가난에서 시작했지만, 이처럼 거대한 성과를 이끌고 누린 성장 세대라 할 수 있다.

이런 베이비붐 세대가 겪은 유년기의 공통분모를 들자면, 지독한 가난을 경험했고, 워낙 아이들이 흔하다 보니 어린이로서 받을 수 있는 기본적인 대우를 받지 못했다는 것이다. 먹을 것도, 입을 것도 없는데, 골목마다 아이들이 바글거렸고, 골목마다 남자아이들은 종이 딱지와 구슬치기를 하고, 여자아이들은 공기놀이나 오자미를 갖고 놀았다. 지금 생각하면 아주 하찮은 놀이인데도 그 재미에 푹 빠져 저녁밥을 놓치기 일쑤였다. 먼지를 뒤집어쓰고 신나게 놀다가 집에 들어가면 이미 저녁 밥상이 치워진 뒤였다. 어머니가 밥상머리에 둘러앉은 자식 중에 빠진 자식을 미처 챙기지 못한 탓이다. 물론 남은 밥이 없으니 고픈 배를 움켜쥐고 자기도 했다.

어머니는 많은 가족을 먹이려고 몸을 고단하게 혹사하니 간혹 자식들을 향해 소리쳤다. 원수 같은 새끼들이라고… 그런 소리에도 자식들은 절대로 기죽지 않는다. 때만 되면 대문 앞에서 깡통 든 전쟁고아들이나 다리 밑에는 집 없이 모여 있는 아이들에 비하면 그런 소리에 마음 상할 리 없다. 그래서 베이비붐 세대에게 '다리 밑에서 주워 왔다'는 것이 가장 두려운 소리였다. 어쩌다가 부모님과 외출이라도 하려면 행여나 놓칠세라 손가락에 땀이 나도록 부여잡았다. 아마도 버려질지 모른다는 두려움이 잠재했던 모양이었다. 동네 약장사도 판을 깔기 전에 소리쳤다. '애들은 가라, 애들은 가라'며… 비록 그런 푸대접을 받았지만 절대 기가 죽지 않았다. 어디든 머리를 들이밀고 앞자리를 차지했다.

그런 유년의 시절을 보낸 베이비붐 세대는 밥은 굶어도 배우겠다는 의지만큼은 누구보다 강했다. 전쟁 이후에 폭발적으로 늘어난 아이들을 수용하느라고 교실은 늘 만원이었다. 80명을 넘게 수용해도 모자라서 오전반과 오후반으로 나누었다. 당시 의무교육이던 초등학교를 졸업해서 중학교부터는 입시를 치러야 했다. 그러다 보니 일차적으로 가정 형편이 안 되는 아이들은 중학교에 못 가고, 형편이 되는 아이 중에서 다시 성적

순으로 걸러졌다. 그렇게 중학생이 된 아이들은 다시 고등학교 입시를 치르며 걸러진다.

그래서였을까? 학교는 목숨보다 소중한 곳이었다. 한 벌의 교복으로 3년을 버티며 터져나갈 것 같은 만원 버스에 시달려도 자랑스럽기만 했다. 학교 배지를 가슴에 달고, 김칫국물이 스며든 보리밥으로 채워진 양철 도시락과 왕복 버스표가 손에 든 전부였지만 절대 기죽지 않고 공부해서 70학번이 된 것이다. 그간의 생존 싸움은 치열하기까지 했다. 만 단위에서 천 단위, 천 단위에서 백 단위, 그리고 단 단위로 떨어지는 숫자 싸움에서 끝내 살아남은 것이다.

그렇게 해서 대학이라는 곳으로 입성한 70년대 학번들은 이번에는 혼동과 갈등의 세대로 기억되기도 한다. 독재정권의 서슬 퍼런 칼날을 피하고자 숨죽이며 살아남아야 했다. 그토록 치열하게 경쟁했기에 이념의 갈등에도 쉽게 자신을 포기하지 못했기 때문이었다. 당시 자신이 대학에 다니는 것이 대학 진학을 위해 온 가족이 희생하여 얻은 대가라는 것을 누구보다 잘 알았기 때문이었다. 때론, 온 가족의 재산인 논도 팔고, 소도 팔고, 더하여 누나와 여동생은 공장에 나가 일을 하며 등록금을 보탠다는 것을 뻔히 아는데… 그래서 누군가는 독재에 격렬하게 항거하지 못하고 가슴에만 분을 품고 야학 교사를 하며 빚진 자처럼 살기도 했다. 사실 베이비붐 세대는 살아남기 위한 투쟁을 하는 한편, 다시 살아남기 위해 인내하는 고통도 겪은 세대였다.

경쟁에서 뒤처진 자는 그만큼 아팠고, 경쟁에서 이긴 자는 또 그만큼 아팠던, 나라의 역사와 함께 아픔을 겪은 세대가 어느덧 환갑이다. 나라 살림은 커졌다지만 그들은 경제 주체에서 벗어나 상대적 박탈감이 그만큼 크기도 하다. 아직도 40년은 더 살아야 하는데 모든 것을 내려놓으라고만 하니, 정말 어찌 살아야 할지 막막할 뿐이다….

더구나 최근 들어 부부 갈등, 자식과의 갈등, 연로하신 부모와의 갈등을 겪고 있고, 사회적으로는 세대 간의 갈등, 경제적인 갈등 등등… 한 치 앞도 보이지 않는 앞날을 어찌 살아야 할지 그들은 그저 한숨만 나온다고 한다. 그러나 살고자 하면 죽고, 죽고자 하면 산다고 하지 않던가?

7
모두 같은 꿈을 향해 달렸건만

베이비붐 세대가 20대 전후였던 1970년대의 대한민국은 엄청난 문화의 변화를 겪었다. 외국 승용차를 타는 세대에 이어 국산 차 포니를 운전하는 세대가 등장하고, 한문을 무조건 배우는 세대에 이어 한문을 배우지 않는 세대가 등장했다. 그리고, 살인적인 경쟁률을 보여준 중고교 입시제도는 가고, 은행알을 굴려 학교를 배정받는 시대가 시작되었다. 또, 로큰롤에 뿌리를 둔 밴드그룹 비틀스(The Beatles)에 열광하던 세대에 이어 홀로 통기타를 치며 김민기의 「아침 이슬」을 부르는 세대가 등장했다. 청바지는 마치 젊음의 상징으로 여겨져 남녀 구분 없이 교복처럼 입고 다니고, 사내가 머리를 늘어뜨렸다는 이유만으로도 경찰에 쫓겼으며, 통금이라는 한계 시간에 묶였던 그 시대를 생각해 본다. 이처럼 마치 전설과 같은 모순의 70년대를 보내고, 드디어 80년대의 봄을 맞이한다.

베이비붐 세대가 학생이라는 신분을 탈피하고 사회인으로 도약하는 그즈음 18년 독재정권이 허무하게 무너지고, 새로운 권력이 부상하였고, 나라 경제는 날개를 단 듯 비상하기 시작했다. 그래서 베이비붐 세대는 한창 세력을 넓혀가는 기업체에 쏟아져 들어갔다. 물론 치열한 경쟁에 살아남은 자들답게 다시 치열하게 직장에 적응했다. 궂은일 절대 마다치 않고 상사에게 절대 충성하고, 야근을 밥 먹듯 하고… 개발도상이라는 날개를 달고 수출이 급성장하면서 영어도 못 하면서 패기 하나로 미국도 서슴없이 가고, 서양식 매너도 갖추지 못했으면서 유럽에도 갔다. 또한, 가족을 떠나 사막의 건조한 바람에 타들어 가는 중동으로 고통도 마다치 않고 갔다. 기껏해야 대리나 과장이라는 직책을 가지고 젖 먹던 힘까지 온 힘을 쏟아, 나라 경제발전을 위해 매진했건만 환갑도 오기 전에 회사를 떠나란다.

아직도 할 일이 더 남은 것 같은데 더는 자리를 지키면 도둑놈이라며 그만 내려오라니… 그렇다고 세상 돌아가는 꼬락서니 마음에 들지 않는다. 지독한 가난에서 풍요를 이루었다지만 절대 행복하지도 않고 "이만하면 됐어" 하는 자기 만족감도 없다. 급변하는 세상을 버거워하며 겉돌면서 스스로 어디에 서 있는지도 가늠하지 못하고 허한 마음만 가득하다. 대안없이 100세를 사시는 부모님을 돌보는 것도 버겁지만 독립해야 할 자식을 품 안에서 떠나보내지를 못하고 있으니….

경쟁에 길든 베이비붐 세대는 자식에게 온 정성을 쏟은 세대다. 전쟁 직후, 지독한 가난 속에서도 속절없이 태어나 눈칫밥 먹던 흥부 자식들처럼 대접받지 못했던 자신들의 아픈 기억 때문이다. 그래서 내 자식만큼은 그런 아픔을 겪지 않게 하려고 금지옥엽으로 키우며 오로지 자식 교육에 집중했건만… 세 살이 지나지 않아 온갖 종류의 동화책을 사주고, 다섯 살에 유치원을 보내고, 그것도 모자라 미술학원, 피아노 학원, 태권도 학원 등등 없어 못 배웠던 부모의 한풀이로 때론 빚을 내며 가르쳤다. 최고학부까지 공부시키고 심지어 유학까지 보냈다.

그렇게 키운 자식들이 독립할 나이가 훌쩍 지났건만, 여전히 부모에게 손을 벌리니, 그런 자식들을 바라보는 베이비붐 세대 부모는 그저 답답할 따름이다. 내가 저 나이에는 가족을 먹여 살렸건만… 부모 형제도 모른 척하며 오로지 자식에 집중했던 자신에게 뒤늦은 후회가 인다.

이처럼 마무리를 짓지도 못하고 퇴직하고 가정으로 들어오지만, 아내는 노골적으로 '삼식이' 뒷바라지는 못 하겠다면서 곰국 끓여 놓고 친구들과 여행을 떠난다. 이미 가장의 서열은 반려견 밑으로 내려앉았으니 이내 우울감에 젖어든다. 가족을 위해 참으로 열심히 산 것 같은데 누구도 이해해 주지 않는 노년의 시작… 그래서 아무리 오래 산다고 하지만, 더는 앞으로 나아갈 동력이 없는 노년을 어떻게 보내야 할지….

하지만 아내도 이런 현실을 받아들이기에는 고통스럽기는 마찬가지다. 1980년대를 전후로 나라 경제가 부흥했다지만, 대부분 자유연애는 엄두도 내지 못하고 집안 전통에 따라 부모의 강요로 결혼했다. 자기 성취 시대에 시댁 식구 눈치 보며 남편 뒷바라지하고 자식 낳아 번듯하게 키우면서 정작 나를 잊고 살았다. 그러는 동안 나라 경제가 점점 부흥하면서 남편은 점점 더 바빠지면서 해외 출장이다 야근이다 하면서 조직에 충성하면서 나름 고위직까지 오르기도 했다. 물론, 남편도 모두 다 처자식을 먹여 살리기 위해 눈코 뜰 새 없이 일하는 동안 그도 자신을 잊었다고 항변한다.

경제부흥이라는 시대적 환경에 적응하면서 부부라는 이름으로 이처럼 각자 살아온 베이비붐 세대가 순식간에 노년에 접어들었다. 하지만 더는 함께 살지 못하겠다고 아우성친다. 그래서 황혼 이혼이니 졸혼이니 하면서 따로 살 궁리를 하고 상대를 향해 "너 때문"이라고 대 놓고 소리친다. 앞으로 50여 년을 더 살아야 한다는데 남은 생을 원망과 분노로 채우려는 것은 아닐지….

8
은퇴가 시작됐건만

800만 대한민국의 베이비붐 세대가 은퇴하기 시작했다. 이 또한 대한민국이 처음 가보는 길이다. 산업사회의 주역이었던 세대가 평생 해온 일자리에서 퇴출당하는 공포 앞에서 갈피를 잡지 못하고 있다. 무엇보다도 집에서 우두커니 있으면서 퇴물 취급받는 것도 견딜 수 없단다. 그래서 그동안 하지 못했던 것을 하겠다는 명분으로 집을 나선다.

유독 산이 많은 우리나라이기에 일단 은퇴하면 산을 타라고 조언한다. 처음에는 한창 일을 하던 시간에 산을 타려니 망설여지기도 한다. 그러나, 막상 산을 오르니 중년 이후의 남녀가 히말라야 등정에나 적합한 고가의 아웃도어 옷을 입고 떼 지어 몰려다닌다. 그래서 그동안 일만 하다가 이런 세상이 있다는 것에 내심 놀라기까지 한다. 어느새 산을 타는 사람들과 허심탄회하게 속마음을 터놓으니, 상대도 같은 마음이라는 것도 알게 된다. 이전에 이해관계로 얽혔던 관계가 아닌, 오로지 친목 단체로 만나는 관계이니 마음이 더 편해진다. 그래서 이제는 하루라도 산을 오르지 않으면 입에 가시가 돋을 지경이란다.

이젠 '산이 곧 나'고 '나는 곧 산'이란다. 정상까지 올라 산밑을 바라보니 개미처럼 일만하며 열심히 사는 사람들이 가소로워 보이기까지 하다. 스스로 도인의 경지에 오른 듯한 생각에 빠지기도 한다. 산에서 만나는 사람들과 적극적으로 사귀고 즐기다 보면 점심까지 이어지고, 주변 식당에서 함께 밥도 먹고, 때론 술도 마신다. 그러면서 목소리가 점점 커진다. "더러운 세상!" 갑자기 울컥해서 벌게진 얼굴이 진홍빛으로 물든다. 마음을 비웠다면서 정작 마음속에는 온갖 미움과 원망이 가득 차 있다. 산에서 내려와도 빈집에 들어가기가 싫다. 그래서 사우나 찜질방으로 들어간다.

남편이 은퇴하자 아내들도 평생 해온 가정일에서 은퇴한단다. 각자 해먹는 것이 대세라지만 그동안 살아온 부부의 정으로 저녁은 해주겠다고 인심을 쓰면 남편으로서는 그나마 다행이다. 그리고 그동안 가족 때문에 못 해 본 것을 해 보겠다고 새벽부터 배낭을 메고 집을 나선다. 물론 배낭 안에는 알뜰하게 주먹밥 몇 덩이와 수첩이 들어 있다. 수첩에는 그날의 계획이 빼곡히 적혀 있다. 문화센터에서 실시하는 교양강좌를 비롯하여 동사무소나 구청에서 시행하는 각종 프로그램이 산처럼 쌓여 있고, 심지어 자격증을 주는 전문화 과정도 있고, 스포츠 댄스도 배울 수 있는 등, 할 것이 너무 많아 정신이 없을 지경이란다. 물론 대부분 무료고 오고 가는 교통비도 무료니 더는 좋을 수가 없단다. 집에 우두커니 있으면 치매밖에 더 걸리나 하며 늙을수록 배우고 움직여야지 하면서… 그렇게 시작된 일과가 끝나고 집으로 돌아오는 시간은 대략 오후 3~4시다. 당연히 아파트 입구 단골 사우나에 들르면 먼저 자리를 잡고 있던 여인들이 반긴다. 그리고 여자들은 서로 자랑하기 바쁘다. 자기가 참여한 프로그램이 진짜 좋으니 다음에 꼭 들어보라고. 그리고 또 자랑한다. 명품을 싸게 살

수 있는 곳을 알고 있다고. 또 있다. 성형을 표 안 나게 싸게 받을 수 있는 곳을 알고 있다고. 그래도 자랑이 또 남았다. 다음 주에 동창들과 해외여행을 떠나는데 남편 때문에 곰국을 끓여 놔야 한다고… 바쁘게 사는 것이 습관화된 베이비붐 세대, 우두커니 있는 것 자체를 못 견디는 사회 현상이다. 그래서 백수가 과로사한다는 말이 있는 모양이다. 이처럼 모두 각자 바쁘게 사는 것을 자랑하고 있다.

캘리포니아 대학의 심리학 교수 킹 박사는 거짓말을 연구하다가 이 모든 조건을 완벽하게 만족하는 기가 막힌 거짓말을 발견했다고 한다. 그것은 아주 교활하고 본인 스스로 거짓말을 하는지 알아차리지 못하는 거짓말인데, 다름 아닌 '바쁘다'라는 말이라 한다. 바쁘게 살아야 가치 있는 삶을 살아야 한다는 강박적인 사고는 세계적인 추세인 모양이다.

노년을 맞이한 대한민국 베이비붐 세대는 이처럼 각자의 삶을 산다며 분주하다. 그래서 황혼 이혼이 증가하고 듣도 보도 못한 졸혼이라는 명칭을 만들어 내며 노년의 부부가 각자의 길로 갈라선다. 하지만 힘들고 어려울 때 곁을 지켜주는 단 한 사람만 있으면 충분히 살 수 있는 세상이다. 유럽에서는 노부부가 다정하게 손을 잡은 모습이 사람을 행복하게 하는 소소한 기쁨 중 하나라고 한다. 그래서 유럽인들은 젊어서는 개성을 주장하며 각자의 삶을 살았지만, 노년에는 함께 사는 길을 택한다는데 우리는 오히려 헤어지는 것이 대세라 하니….

9
다 해보았다

2009년 5월, 노무현 전 대통령이 스스로 목숨을 끊었다는 소식에 온 국민은 경악했다. 그가 혜성처럼 등장하자 국민은 마땅한 정치 기반도 없던 그에게 표를 주었건만… 하지만 5년의 임기를 마치고 퇴임한 그가 그렇게 죽다니… 어떻게 이런 일이? 그리고 10년이 채 지나지 않은 2017년 3월 17일, 박근혜가 임기 중에 탄핵을 당했다. 2013년에 박근혜가 권좌에 오르자, 독재자의 딸이 다시 대통령이 되는 것은 세계사에 전무후무한 사건이라고 했다. 모 당시 일간지에 나온 글이다. 18년 동안 대통령의 딸로 살았고, 18년 동안 칩거하였으며, 18년 동안 정치를 하였다가 대한민국 제18대 대통령이 되었다는….

그런데 박근혜를 반대하는 진보세력의 촛불시위가 일 년여 시간을 끈질기게 이어나가더니 드디어 그녀를 권좌에서 끌어내리고 이어 문재인을 제19대 대통령으로 만들었다. 자신의 주체성을 확립하는 개성시대라면서 사람들은 자신이 추종하는 지도자를 쫓아 광장에 모여 열광했다. 하지만 어느 날 갑자기 불어닥친 코로나바이러스로 세상은 한순간에 멈추고 말았다. 정체불명의 바이러스 출현으로 전 인류가 공포에 떨면서 일제히 문을 닫았다.

그래도 코로나 질병 초기에는 "그래도 얼마 가겠어?" 하는 마음이 이었는데 무려 3년이라는 공포의 세월을 보냈다. 코로나바이러스로 죽은 사람이 2차대전으로 죽은 사람보다 많았다는 이야기도 있다. 이처럼 전쟁보다 무서운, 눈에 보이지도 않는 적이 사라졌다고는 하나 언제 다시 올지 모르는 공포를 심어주었다. 그 삼 년의 시간 동안 진보와 보수가 숨을 죽이며 관망하는 동안 문재인은 떠나고 결국 보수를 표방하는 윤석열이 대통령이 되었다. 닭 모가지를 비틀어도 새벽이 온다더니….

1910년, 500년 역사의 조선 왕조가 붕괴하며 신분 사회가 무너지고, 일제 강점기를 거쳐 1945년에 해방을 맞이했지만, 이윽고 사상(思想)으로 갈리더니 결국 동족 간 총부리를 겨누는 전쟁까지 치르는 최악의 상황을 맞기도 했다. 그리고 나라는 다시 둘로 나뉜다. 현재까지 휴전상태로 잠재적 전쟁 위험상태에 있는 세계에서 유일한 나라이기도 하단다.

그래서 단 한 세기 만에 천지개벽을 한 대한민국이다. 1925년, 독일의 노르베르트 베버(Norbert Weber) 신부가 한국을 방문했을 당시 한국의 모습을 촬영해 담은 기록영상이 존재한단다. 불과 100년 전 영상에 비친 한국인의 모습은 특징 없는 무표정의 작고 볼품없는 초라한 모습에 요즈음 아프리카 대륙에 굶주린 사람의 모습과 다름이 없었다.

다음은 1894년에 우연히 조선을 여행하게 된 오스트리아인 에른스트 폰 헤세 바르텍(Ernst Von Hesse-Wartegg)이 쓴 『조선, 1894년 여름(Korea:

Eine Sommerreise Nach Dem Lande Der Morgenruhe)』에 서술된 내용의 일부다.

"지금까지 내가 본 도시 중에 서울은 세상에 어떤 도시보다 더럽고 똥 밭이다. 이유는 집에는 가구도 침대도 없고 화장실도 없어 길에서 싼다. 특이한 모습 중 하나는 남자는 일을 하지 않고 주로 골목에 나와 쪼그리고 앉아 담배나 피우며 빈둥거리는 반면, 고생 때문에 못생긴 여자들이 살림을 도맡으며 요리하고 빨래를 했다. 유독 남자가 일하지 않는 이유는 조선 말에 관료의 부패가 너무 심해서 죽지 않을 만큼 일할 뿐, 더는 노력하지 않는다고 한다."

그는 한국에 대한 이러한 혹평을 남겼지만, 한편으로는 한민족은 독특한 특성이 있다고 서술했다. 한국인은 중국인이나 일본사람보다 외모가 수려하고 자신이 비천하다고 남의 것을 탐하지 않는 본성을 가져 잠재력이 풍부하지만, 소망이 없어 자포자기하며 놀고먹는 것이다. 그토록 가난해도 도둑이나 강도가 없고 살인사건이 발생하지 않는다고….

당시 최악의 서울을 보고 떠나 이런 책을 쓴 그가 만일 오늘의 서울을 보면 무슨 생각을 할까? 최악의 상황에도 남의 것을 탐하지 않고, 잠재력이 풍부한 민족적 본성이 비로소 발휘되었다는 생각하지 않을까?

삼 년의 긴 전쟁으로 폐허가 된 땅에 머리를 들이밀고 태어난 베이비붐 세대. 그들의 유년의 기억에 남아있던 서울의 모습도 헤세 바르텍이 120여 년 전에 기록한 서울 풍경과 별반 다르지 않았다. 포장 도로가 전혀 없어 흙먼지 이는 길은 비만 오면 진흙탕이었다. 골목길에는 여지없이 사람 똥, 개똥,

소풍이 널려 있었다. 고무신이나 신발 밑창이 얇은 운동화를 신고 나가서 흙먼지 이는 골목에서 놀다 들어오면 여지없이 신발에 똥을 묻히고 들어와 엄마에게 야단을 맞았다. 70년대까지도 여름 장마에 한강이 넘쳐 주변 동네 주민은 수해민(水害民)이 되어 근처 학교 강당에서 밤새웠던 기억도 선명하다.

그랬던 지금의 서울은 잘 정비된 도로에 초고층 빌딩이 하늘이 보이지 않을 만큼 들어서 있고, 초록으로 뒤덮인 산과 어떤 수해도 너끈히 감당할 만큼 정비된 한강에는 배가 유유히 떠다니고, 아름답게 정비된 한강 변에 한가로이 쉬는 사람들의 모습을 보면 베이비붐 세대는 만감이 교차한다.

과거보다 무려 300배의 성장을 따라온 전후(戰後) 세대가 청년기에는 독재에 저항하고, 중장년기에는 경제의 주체가 되어 고군분투하며, 노년기에는 첨단 과학시대에 접어들어 코로나 팬데믹까지 겪다니… 이처럼 인간이 별꼴을 다 겪으면 정말 오래 산 거라고 하더니, 참으로 격변의 세월을 살아온 세대라 하지 않을 수가 없다. 더러는 아쉬움이 남는다고는 하지만 이만하면 '다 해보았다'는 생각을 하게 된다.

베이비붐 세대의 유소년 시절, 너도나도 배우겠다는 학생이 넘쳐 콩나물시루 같은 교실에 모여 수업이 시작되기 전에 추위에 튼 손을 가슴에 얹고 외쳐댔던 "민족중흥의 역사적 사명을 띠고 이 땅에 태어났다…"라는 구절이 아직도 귀에 쟁쟁하다. 그때는 그저 구호만 외쳤던 민족중흥의 역사를 정말 이루었건만… 이대로 후손에 물려 주어야 할 텐데….

2 부

사후의 삶

＊

나는 사후의 삶이 있었으면 하고 바라는 것도 아니요, 바라지 않는 것도 아니다. 그리고 그와 같은 생각들을 키워가고 싶지도 않다. 그러나 원하지도 행하지도 않는데도 그런 종류의 생각들이 내 안에서 맴돌고 있다는 사실만큼은 진실을 밝히기 위해 말하지 않을 수 없다. 나는 그 생각이 옳은지, 그른지 알 수 없다. 다만, 그런 생각이 존재한다는 것을 알고 있고 내가 어떤 선입견으로 누르지만 않는다면 그 생각들을 진술할 수 있다.

– 카를 구스타프 융의 자서전 『기억 꿈 사상』에서…

10
사후세계, 세상에서 배워야 한다는데

흔히 죽음은 소멸이 아니라 '차원 이동'이라고 한다. 그것은 수많은 죽음을 연구한 학자들이 공통으로 말하는 견해다. 다른 말로 풀자면, 거대한 우주 공간에 우리가 사는 지구는 대기권 안에 갇힌 세상으로 3차원이라고 한다. 그래서 시공간이 한정되어 있지만, 그런 대기권을 벗어나면 인간의 상상을 넘어 무한정 넓어진다고 한다.

죽어가는 사람을 곁에서 지켜본 호스피스의 대가 엘리자베스 퀴블러로스(Elisabeth Kubler-Ross)는 지구는 마치 '애벌레를 품고 있는 고치'와 같다고 했다. 캄캄한 고치 안에서 살던 애벌레가 나비가 되려면 고치 밖을 나와야 한다. 하지만 애벌레 처지에서 보면 그동안 자신을 품고 있던 고치를 떠나는 것이 바로 죽는 것과 같다고 생각할 것이다. 그러나 막상 고치 밖을 나와 나비가 되어 날 때 비로소 상상을 초월하는 거대한 창공을 알게 되는 것이다.

인간에게 있어 죽음도 그와 같다고 한다. 그동안 살아왔던 세상은 고치 안이고, 나비가 되어 나는 곳이 바로 죽음 이후의 세상인 것이다. 다시 말하자면, 우리가 사는 세상은 시공간으로 닫힌 세상이고 사후세상은 우주라는 거대한 공간으로 시공간을 초월한 세상이란 것이다.

이처럼 죽음을 차원이 다른 세상으로 가는 것으로 생각한다면 먼저 준비가 필요하다. 흔히 우리가 세상에 살면서 좀 더 발전한 미국과 같은 선진국으로 이민하려면 미리 준비해야 한다. 가기 전에 그 나라 언어를 배우고 사회 규범을 익히고, 그동안 사용했던 한화를 팔고, 애지중지하던 가구도 팔고 집도 팔면서 이민 갈 준비를 착실히 하는 사람이 결국 이민 가서 정착이 빠를 것이다. 하물며 세상과 결별하여 전혀 차원이 다른 세상으로 가는데 준비 없이 간다니….

그래서 예수님은 하나님의 나라 대한 선포를 수많은 비유를 통해 말씀하신다. 하나님은 인간에게 판단하는 지적 능력과 『성경』이라는 교재까지 주셨다. 예수 부활 이후로 2천 년이 흐른 오늘날까지 『성경』은 더하지도 빼지도 않은 상태다. 불교처럼 팔만대장경이 아니라 단 한 권의 『성경』의 신비를 풀어보겠다고 2천 년 동안 연구한 책만도 지구의 일곱 바퀴 반을 돈다고 한다. 물론 현재까지도 『성경』을 둘러싼 인간의 갑론을박은 그칠 줄 모른다.

베이비붐 세대도 순식간에 노년에 접어들었다. 그 어느 세대보다 많이 배우고, 이룬 것도 많으니 젊은이처럼 살겠다고 각종 영양제 먹으며 몸 키우고, 성형하고, 운동하고, 여행 다니기보다는 『성경』 안에 어떤 내용이 있을까 궁금함을 가지는 것이 좋지 않을까? 굳이 기독교도가 아니더라도 『성경』은 인류 역사 이래로 인간에게 가장 많이 읽힌 베스트셀러며 스테디셀러다. 기독교도가 무조건 천국을 보장받았다며 그저 목사의 설교나 예배만 듣고 정작 본인이 설명하지 못하면 개인 구원이 어렵다. 하나님께서 심판대에서 하나님의 백성이 갖추어야 할 지침이나 자세를 묻는 말에 개개인이 답을 내야 한단다. 그런데 그 답을 세상에서 만들어 가야 한다고도 한다.

그래서 하나님은 인간에게 자유의지를 주시고, 선택은 각자의 몫이라고 하신다. 어떤 정보도 주지 않고 그냥 선택하라고 하신 적이 없다. 가르침만으로 부족해서 아들 예수를 인간의 몸으로 세상에 보내어 몸소 실천까지 보여주셨는데 믿지 못하겠다니⋯ 정말 모르는 게 약인 모양이다. 차라리 지식이 없으면 믿음이 쉬울지도 모른다. 예수님의 3년이라는 공생 동안 누구보다도 하나님을 많이 안다는 유대 지도층보다 단순 무식한 약자나 병자만이 구원받았다. 선무당이 사람을 잡는다고, 현대인은 오히려 어설프게 알기 때문에 인생이 더 고달픈 걸지도 모른다.

인생을 살다 보니 열심히 사는 것보다 바른길을 가는 것이 어렵다는 사실을 느낀다. 아무리 노력해도 방향이 틀리면 소용없다. 잘못된 지도를 가지고 가는 사람은 반드시 길을 잃고 만다. 아무리 이곳에서 미국 갈 준비를 완벽히 했어도 공항에서 자칫 분별력을 잃고 남아공으로 가는 비행기를 타는 것처럼 허망한 일이 어디 있겠는가? 태어나 처음 가보는 사후세계, 길을 잃지 않고 제대로 가는 것이 절대 만만하지 않다. 더군다나, 인간에게 죽음이 임박하면 그 영혼을 먼저 끌고 가려는 악한 영이 떼 지어 몰려든단다.

그래서 죽는 그 순간까지 바른 분별력을 가지고 있어야 영혼이 제 길을 찾아간다고 한다. 돌아보니 고단하기만 했던 인생인데 죽어서 지옥을 간다면 그것은 또 얼마나 억울할까? "천국과 지옥이 있다"라는 견해가 맞을 확률은 50%의 확률이다. 그러면 나는 '있다'고 선택하겠다. 대부분 인간은 사후세계를 그렇게 의심하면서 귀신의 존재는 믿는다. 귀신이 있다면 사후세계도 당연히 있건만….

산 사람이 앞으로의 죽음을 알 수는 없지만, 죽음을 알고자 하면 스승이 찾아온다고 했다. 다시 말하자면, 죽음을 앞둔 엄연한 현실 앞에서 죽음을 회피하기보다는 알려고 하는 것이 먼저다.

11

인생은 과학으로 설명될 수 없다

과학의 시대라지만 인간이 증명할 수 없는 것이 바로 사후세계라며 심리학자 카를 융은 이렇게 설명한다.

"오늘날 대부분 인간은 그들의 의식과 자신을 동일시하고 자신들이 알고 있는 지식만이 전부인 양 착각하고 있다. 이성으로 분석하는 합리주의는 우리가 앓고 있는 시대병이다. 합리라는 이유를 달고 혹은 자기가 맹신하는 사상, 이념의 잣대로 모든 것을 알은체한다.

하지만 사후 삶에 대한 신화나 이야기가 실제로 무엇을 의미하는지, 또는 실제 사후세계가 존재하는지 우리는 알지 못한다. 우리는 경험해 보지 못한 전혀 다른 세상을 결코 설명할 수 없기 때문이다. 그래서 우리가 우리의 이해를 넘어선 것에 대한 확실한 증거를 얻는 것은 불가능하다. 이성적인 차원에서 사후세계란 참으로 허무맹랑한 소리라고 주장하지만, 그런 비판적 이성이 우세하면 우세할수록 인생은 그만큼 빈약해진다.

하지만 사후의 삶을 인정하면 그것은 감정의 차원에서 치유를 가져오는 활동력이 되며 인간 존재에 광채를 부여한다. 사람들은 그 광채를 놓치고 싶어 하지 않는다. 자신들의 인생이 현존을 넘어 무한정한 영속성을 지니고 있다는 사실을 받아들이면 오히려 더 이성적으로 잘 살며 편안해지는데 사람들은 이토록 헛되이 분주하기만 한 걸까? "

카를 융은 오늘날까지 가장 주목받는 정신 심리학자이다. 그는 정신을 치료하는 의사이기보다는 영혼을 치유하는 의사였다. 그는 인간의 영혼을 인간의 정신으로부터 분리하고, 인간의 내면에 존재하는 영적인 영역을 과학적으로 분석한 저서 『분석심리학(Analytical Psychology)』의 저자이기도 하다. 그는 인간의 모든 정신 질환은 바로 병든 영혼에 뿌리를 박고 있다고 했다. 다시 말하자면, 인간의 정신은 영과 분리하여 설명할 수 없다는 것이다. 그래서 최근에 최근 많은 심리학자가 그의 분석심리학을 공부한다고 한다. 하지만 기독교의 창조 원리를 모르고 분석심리학을 접하면 결코 이해하기 힘든 영역이 된다. 이는 현대인 대부분이 지식으로 영을 이해하려 하기 때문이다. 영은 정신의 상위개념으로 지식만으로는 절대로 알 수 없다고 카를 융은 말한다. 또한, 사후의 삶을 자기가 가진 지식으로 이해하려 하면 절대 알 수 없다고 하면서 다음과 같이 설명한다.

"나는 사후 삶이 있었으면 바라지도 혹은 바라지 않은 것도 아니며, 그런 생각을 키워나가거나 행동하지 않는데도 그런 종류의 생각들이 내 안에서 맴돌고 있다. 그런 생각들이 인간 내면에 존재하며, 인간이 어떤 선입견으로 억누르지 않는다면 그런 생각들을 진술할 수 있다. 오히려 선입견이 정신적인 삶을 풍성하지 못하도록 방해하고 있다. 결국, 오늘날 비판적인 이성은 종교를 거부하고 사후 삶에 대한 관념도 없애 버린 듯하다."

『성경』에 따르면, 하나님이 인간의 마음에 영원을 사모하는 마음을 심어 놓았다고 했다. 그런 생각은 인간에게 지극히 자연스러운 현상이지만 카를 융의 말처럼 이런 생각을 부정하고 억눌러서는 안 된다고 한다. 그런데도 눈에 보이는 과학 문명을 맹신하는 현대인 대부분은 그런 마음의 생각마저 억누른다.

기껏해야 100년도 살지 못하는 인간이다. 지구의 역사만 해도 수억만 년이고, 태양도 은하계 일부란다. 그에 비해 지구는 또 얼마나 작은 별인가? 인간이 그 안에서 산다고 하지만 먼지만도 못한 존재이다. 개미가 아무리 똑똑해도 인간의 모두를 알 수 없듯이, 인간의 한계를 넘는 것에는 전혀 알 길이 없건만….

이 영역은 카를 융도 인간 심리를 연구하면서 평생을 고민해 온 영역이다. 사실 인간이 죽고 사는 문제만큼 중요한 것이 어디 있을까? 그저 인간이 한낱 하루살이처럼 살다가 사라져 버리는 존재라면 인류 역사는 지금처럼 발달해 오지 않았을 것이다. 인간을 가장 인간답게 만드는 것에는 죽음이 있고, 죽음 이후에 세상이 있다는 사실을 인간이 받아들이기 때문이다.

수많은 심리학서를 저술한 카를 융도 인간의 내면을 과학적으로 설명할 수 없다고 했다. 과학은 평균 개념을 가지고 연구하는 것이다. 다시 말하자면, 각 개인의 생애가 지닌 주관적인 다양성을 과학으로 반영하지 못한다고 한다. 그래서 영원이라는 관점은 오로지 종교를 통해서만 본다고 했다. 평균적인 통계 수치가 아닌 개인과 개인 간에 전해 내려오는 것을 듣고 알게 된다는 것이다. 그래서 카를 융은 인간의 집단 무의식에는 이런 역사성을 지니고 있다고 한다. 인류 역사 이래 쌓여온 것들을 인간의 마음에 품고 있다는 것이다. 그래서 인류는 누가 가르쳐 주지 않아도 역사와 종교에 심취하게 된다고 한다.

  과학적인 데이터로 입증을 못 하여 그저 개개인의 심증으로만 알게 된다니, 결국 오로지 개인의 선택만이 남았다. 목사의 아들로 태어난 카를 융도 인간의 심리를 논리적으로 분석해서 유명해졌지만, 종교 갈등에서 벗어나지 못했다. 그러다가 1955년, 아내가 죽은 후에 비로소 그는 자신이 직접 찾아야 한다는 생각으로 문명이 닿지 않는 자연으로 돌아갔다.
  당시 카를 융으로부터 수많은 사람이 찾아와 조언을 구했지만, 그는 일절 답하지 않았다고 한다. 그렇게 카를 융은 세상과 철저히 단절된 삶을 살다가 그가 죽기 2년 전 어느 날, BBC 방송과 인터뷰를 했다. 그때 기자가 카를 융에게 "하나님을 믿느냐?"라고 물었다. 수백만의 시청자는 긴장하면서 그의 대답을 기다렸다. 카를 융은 아주 천천히 대답했다.

  "나는 하나님을 압니다."

  그는 1961년에 87세의 나이로 죽었다. 그는 결국 노년에 이르러 세상에서 쌓은 모든 명성을 내려놓고 비로소 자신을 찾는 것에 성공한 것 같았다. 그도 의사로서 평생을 심리철학과 종교 사이를 오가더니 결국 하나님을 알게 되는데 성공을 한 것이리라. 천하를 얻고 자신을 찾지 못하면 아무 소용이 없건만….

12

돌아갈 곳이 있는 자의 여유

베이비붐 세대는 자신들의 유년기를 기억할 것이다. 당시는 지금처럼 놀 곳이 마땅치 않으니, 골목에 항상 아이들이 몰려나와 놀았다. 놀잇감도 마땅치 않아 고작 종이로 만든 딱지치기나 유리 구슬 따먹기를 하는 것이 전부였다. 그때 딱지나 구슬을 많이 딴 아이들은 얼굴에 희색이 만연했다. 그러다 보면 어느새 해는 지고 날은 추워지면서 멀리서 어머니가 자식을 부르는 소리가 들려온다. 밥 먹으라고. 어서 집으로 돌아오라고. 그러면 아이들은 일제히 어머니의 소리를 향해 달려간다. 그때 누구도 부르지 않고, 갈 곳도 없는 아이에게는 손안에 아무리 많은 딱지며 구슬이 있다 한들 무슨 소용이 있었을까?

요즈음 나 혼자 잘 먹고 잘산다지만 비가 오나 눈이 오나 따뜻한 불빛을 밝히며 기다려 주는 누군가가 없다면 하루도 살기가 어려운 세상이다. 인간은 돌아갈 곳이 있기에 하루를 신나게 살게 된다. 비록, 아무리 고달픈 삶을 살아도 절대 불 꺼지지 않게 밝히면서 나를 기다리는 누군가가 곁에 있다면 다시 힘이 생긴다. 회사 생활을 하는 지인은 아무리 일이 힘들어도 퇴근할 때 저녁상을 차리고 기다려 주는 아내를 생각하면 힘이 다시 솟는다고 한다.

인생살이도 그렇다. 한 생을 살다가 돌아갈 곳이 있다고 생각하면 아무리 험난한 상황에 부닥쳐도 절대 두렵지 않을 것이다. 우리가 흔히 영화를 볼 때 내용은 잘 모르지만 '해피엔딩'이라는 사전 지식이 있으면 아무리 고통스러운 장면이 전개돼도 그다지 불안하지 않다. 하지만 끝을 모르면 아주 작은 고통의 장면에도 불안을 느낀다. 이처럼, 오늘날 우리가 매사에 예민하고 작은 고통에도 민감하게 반응하는 것은 끝을 모르기 때문이다.

1980년 3월, 프랑스 파리의 브루세(Broussais) 병원에서 한 세기를 떠들썩하게 했던 지성의 아이콘 사르트르(Jean-Paul Sartre)가 폐부종(肺浮腫)으로 죽음을 눈앞에 두고 있었다. 임종을 한 달 앞둔 그는 발작적으로 고통을 호소하며 주변인들을 힘들게 했다. 실존주의 철학자로서 수많은 강연을 통해 20세기 젊은이들에게 개인의 행복 우선을 부르짖었던 그였다. 요즈음 말하자면, 나 혼자 사는 것을 당시부터 주장한 학자인 셈이다. 그래서 시몬 드 보부아르(Simone de Beauvoir)와 계약 결혼을 하고 전통적인 결혼을 거부했다. 그렇게 철저하게 자유로운 영혼을 부르짖으며 살았던 그가 막상 죽음 앞에서는 그토록 두려움에 싸여 있는 모습에 오히려 프랑스 사람들이 놀랄 지경이었다.

그래서 당시 프랑스 신문들은 일제히 그런 그의 암울한 모습을 보도하며 다음과 같이 질문을 던졌다.

"왜? 사르트르는 이런 모습으로 죽어야 하는가? "
"그토록 자유를 즐기며 죽음의 공포로부터 자유로워지라고 소리쳤던 그가 정작 죽을 때는 이처럼 두려워 떠는 이유는 무엇일까?"

그때 한 기자가 이렇게 답을 투고했다. 사르트르는 더는 돌아갈 고향이 없기 때문이라고.

죽음을 표현할 때 소위 "돌아간다"라고 쓰기도 하는데, 이것은 인류 역사 이래로 모든 나라에서 공통으로 사용하는 용어다. 시대와 나라를 불문하고 인간의 죽음을 '원래 왔던 곳으로 돌아간다'고 보는 인식은 이미 인간의 마음에 심겨 있다. 카를 융의 표현에 의하면 집단 무의식에 있는 것이란다. 하지만, 갈 곳에 대한 사모하는 마음이 없다면 결코 돌아가지 못한다고 했다. 우리가 먼 곳으로 여행을 떠나도 돌아갈 집이 있기에 여행이 즐거운 것이다. 호스피스의 대가인 엘리자베스 퀴블러 로스는 저서 『인생수업(Life Lessons)』에서 '하나님이 인간에게 아름다운 지구로 여행을 보냈다'고 하였다. 그리고 하나님은 인간에게 여행을 마음껏 즐기고 오라고 하셨건만… 그러나 대부분 여행 중에 길을 잃고 돌아온 곳으로 못 가는 것이리라.

사실 사르트르가 왜 그렇게 고통스럽게 죽음을 거부했을까? 분명 한 세기를 떠들썩하게 한 철학자가 죽음을 부정하고 세상이 전부라고 자기가 지닌 지성을 피력했지만, 아마도 죽음을 앞둔 그의 눈앞에 분명 거대한 공포가 도사리고 있었을 것이다. 인간에게 죽음이 임박하면 영안(靈眼)이 떠진다고 한다. 그래서 천사도 보이고 귀신도 저승사자도 보인단다. 그는 어쩌면 그동안 지성만을 강조하며 살았는데 영의 세계를 죽음 앞에서 본 것이 아닐까? 그래서 전혀 자신이 예상치 못한 현상에 직면하고 더 두려움을 느꼈는지도 모른다.

돌아온 곳으로 돌아가려는 간절한 마음이 없으면 결코 돌아갈 길을 찾지 못한다고 한다. 더구나 죽음이 임박하면 한 치 앞도 모르는 캄캄한 길목에서 낯설고 어두운 영이 찾아온단다. 그래서 그 어두운 영에게 속절없이 끌려가고 만다.

성 스데반(St. Stephen)은 『성경』에 나오는 인물이다. 그는 예수를 전도하다가 돌에 맞아 죽는다. 그러나 그는 돌을 맞는 신체적인 고통에도 불구하고 눈 앞에 펼쳐진 천국의 모습에 환호했다. 흔히 기독교도는 믿어서 간다지만 영안이 떠져서 보고 가는 것이다. 있다, 없다 논할 겨를도 없이 눈 앞에 펼쳐진 빛의 세계로 그대로 빨려 들어가듯 가게 된다고 한다.

중환자실에서 근무했을 때 죽어가는 많은 환자를 지켜보면 대부분 고통스럽게 가기를 두려워하지만, 아주 드물게 평화롭게 죽는 모습을 보았다. 평안하게 죽음을 받아들이는 것은 그 사람의 인격이 성숙해서 그런 것 같지만은 않다. 분명, 그의 눈앞에 가야 할 곳이 아름답게 펼쳐져 있다면 행복한 모습으로 세상을 떠날 것이고, 만일 너무 어둡고 두려운 형상이 보였다면 결코 가고 싶지 않아 몸부림치며 떠날 것이다. 그러기 위해서는 위로 바라보는 영안이 떠져야 하지만, 오로지 세상만 내려다보는 육안에 집착하면 천국으로 가기 어렵다는데….

13

생명의 빛

모든 인간은 갇힌 공간에서 극도의 공포를 느낀다고 한다. 요즈음 유명 연예인들이 종종 폐소공포증(閉所恐怖症)을 겪는다고 한다. 폐소공포증이란 폐쇄된 공간에 갇힐 때 오는 불안감이다. 이처럼 폐쇄된 공간에서 공포를 느끼는 이유는 단 하나, 출구가 보이지 않기 때문이다. 특히 대중의 인기로 사는 연예인들이 안정적인 직업을 가진 사람들보다 앞날에 대한 불안감으로 공황장애를 앓고 있는 것 같다. 물론 모든 인간은 정도의 차이는 있지만, 모두 앞날에 대한 불안을 느끼고 세상을 살아가고 있다.

근본적인 불안의 발생원인은 바로, 인간은 어떤 삶을 살아도 모두 죽기 때문이라는 것이다. 인간은 죽음에 대한 잠재적인 공포를 느끼고 있다. 인간은 태어나 한 치 앞도 모르는 삶을 살지만, 가장 분명한 한 가지 사실은 모두 죽는다는 것이다. 그러나 인간은 살아있는 동안, 이 죽음을 생각하지 않으려 하기에 오히려 불안과 공포의 지배를 받는 것이다. 다시 말하자면 사는 동안 죽음을 알지 못하면 제대로 살지도 못한다는 의미다.

심리학자 카를 융은 사후 삶에 대해 다음과 같은 설명을 한다.

"대부분 사람은 자신들이 알고 있는 지식이 세상 전부라고 착각하며 살고 있다. 사실, 사후 삶에 대해 확실한 증거를 제시할 수는 없다. 환경이 전혀 다른 딴 세상을 겪어보지 않고는 절대로 그것을 알 수가 없기 때문이다. 그러나, 인간은 이 세상이 전부가 아니라는 것도 온몸으로 느끼고 사후 삶에 대해 갈망을 한다. 하지만, 학문적인 증거를 요구하는 인간들에게 영생에 대한 마땅한 증거를 내놓을 수 없다. 더하여, 오늘날과 같이 이성이 발달한 시대에 사후의 삶은 참으로 허무맹랑하다고 목소리를 높이는 것이다.

그렇지만, 사후 삶을 부정하면 할수록 삶은 그만큼 빈약해진다. 반면, 불확실하지만 사후의 삶을 인정하면, 오히려 인간의 감정을 치유하는 효과를 얻고 인간 존재에 광채를 부여한다. 자신들의 인생이 현존을 넘어 영생한다는 사실을 받아들이는 사람들이 훨씬 더 이성적으로 잘 살고 더욱 평안함을 느낀다. '인간이 상상할 수 없는 무한한 시간을 보낼 곳이 있는데, 현재의 시간에 매여 사는 것이 무슨 의미가 있을까?'하며…"

카를 융은 이런 사후 삶에 대한 그의 견해와 함께, 현대인에게 사후 삶을 과학적으로 분석하지 못한다고 '없다'라는 단정을 쉽게 하지 말라고 한다. 물론, 가장 확실한 것은 개개인이 죽어봐야 알 테지만 인간은 살면서는 끊임없이 그것을 의심한다. 없다면서도 항상 마음속에는 영의 세계를 궁금해하는 것이다. 그런데 『성경』에는 이런 말이 있다. "하나님은 인간의 마음에 영원을 사모하는 마음을 심어 놓으셨다"라고 한다.

아무리 사후생이 있다고 하지만 그곳으로 가는 방법을 모른다는 것이다. 분명 성경에는 죽어 낙원으로 사거나 음부로 간다하니 두가지 길이 있다는 것도 알아야 한다. 그런데 죽기 전에 영안이 떠지면 길이 보인다고 한다. 다시 말하면 그 길을 사모하고 찾는 자에게 길이 보이고 세상 욕심에 사로잡혀 세상만 보면 결코 찾을 수 없다는 소리다.

흔히 우리가 동굴에 갇혔을 때, 한 치 앞도 보이지 않는 캄캄한 동굴 안에서 허겁지겁 갖고 온 등불이나 주변에 나뭇가지나 잡동사니들로 불을 밝히지 못하고 출구를 찾지 못하면 결국 그 안에서 죽고 만다. 그러던 중, 동굴 밖에서 새어오는 빛을 보면 "살았다"라는 탄성이 튀어나온다. 세상은 바로 동굴과 같다. 인간이 온갖 빛을 만들어 머무는 시간은 연장할 수 있지만 한정된 자원이다. 결국, 동굴 같은 세상에서 인간의 노력으로 만든 빛으로는 생명을 살릴 수 없다. 오로지 세상 밖에서 들어오는 빛을 찾은 사람만이 살아남는 것이다. 오로지 그 빛을 따라 동굴 같은 세상 밖으로 나가면 상상을 초월하는 빛의 세계가 있다고 하건만….

봉준호 감독의 2013년 영화 「설국열차(Snowpiercer)」를 보면 세상은 마치 멈추지 않고 달리는 열차와 같다고 한다. 멈추지 않는 기차 안에 있는 사람들은 피 터지는 경쟁을 하며 오로지 쾌적한 칸으로 옮겨가려고 한다. 그렇게 경쟁하며 모두가 열망하는 일등칸에 올라갔어도 다시 강자로 등극하는 자에게 그 자리를 빼앗길 거라는 공포뿐이다. 아래에서는 위로 오르려 하고 위에서는 아래에서 올라오는 자를 두려워하는 설국열차. 멈추지 않는 기차 안에서 사는 유일한 방법은 오로지 기차 밖으로 나가는 것뿐이다. 그러나 사람들이 기차를 나가지 못하는 이유는 밖은 죽음이고 안은 생명이라고 생각하기 때문이다.

하지만 영생의 개념으로 보면 세상에서 사는 것이 죽음이고, 이 세상을 떠나는 것이 생명이라는 의미다. 노년은 죽음과 가장 가까워진 나이다. 다시 말하자면, 세상 밖에서 들어오는 빛을 찾지 못하면 결국 잠시 온 세상에서 영원한 고향으로 돌아가지 못하는 것이리라. 사도 요한(St. John)은 "우리는 그 빛의 세상으로 왔기에 어린아이는 온 곳을 기억한다"라고 한다. 그래서 아이의 영이 맑다고 한다. 그러나, 세상에 살다 보면 그 빛을 잊고 살지만, 노년에는 다시 본다고 하건만… 그래서 죽음을 두고 "돌아간다"라는 표현을 쓰는 것이리라.

사후세계를 굳게 믿는 카를 융은 다음과 같이 말한다.

"고독이란 주변에 사람이 없기 때문이 아니라, 중요하게 여기는 것을 전할 수 없거나 그런 것을 황당무계한 것으로 취급할 때다. 어떤 사람은 다른 사람보다 더 많이 알게 될 때 고독하다. 대부분 고독한 사람의 말보다 공동체의 말에 더 휩쓸리기 때문이다."

오늘날과 같은 합리나 과학이라는 사고로 사후 생이 무시되는 시대에서는 그런 비밀을 아는 사람은 그만큼 고독하다. 그래서 예수님이 말씀하셨다. 생명의 길은 아주 좁아 찾는 사람이 없고, 멸망의 길은 넓고 쉬워 많은 사람이 그리로 들어간다고 하셨건만… 노년에 캄캄한 동굴에서 남은 불빛마저 다 태우고 어둠에서 고사당하지 말고, 오로지 밖에서 들어오는 생명의 빛을 찾는 것만이 살길이건만….

14
사후 생

인간들은 역사 이래로 죽음에 관한 연구를 결코 그친 적이 없었다. 말은 그냥 살다 죽지 하지만 마음 깊은 곳에는 죽음을 두려워하니, 결국 사는 동안 죽음에 사로잡혀 있었다. 특히, 20세기 전후로 과학 문명이 발달하면서 죽음에 관한 연구도 더욱 활발해진다. 그중에서도 스위스 출신의 정신과 의사 엘리자베스 퀴블러 로스는 임종 연구 분야의 개척자로 손꼽힌다. 그녀는 인간의 죽음에 관한 연구에 일생을 바쳐, 미국 시사 주간지 『타임(TIME)』에서 선정한 '20세기 100대 사상가' 중 한 명으로 꼽히기도 했다.

다음은 그녀가 쓴 『사후 생(On Life after Death)』에 나오는 내용 일부다. 그녀에 의하면, 죽음도 출생과 같다고 한다. 다시 말하자면, 죽음은 세상에서 보면 끝이지만, 사후 생에서 보면 새로 태어나는 것과 같다고 하는 것이다. 그러면서 죽음을 나비가 애벌레에서 고치를 거쳐 변태(變態)하는 과정에 비유했다. 애벌레가 나비가 되려면 점점 죽어가는 딱딱한 고치에서 나와야 한다. 그러나, 애벌레는 그동안 익숙했던 고치에서 벗어나는 것을 죽음이라고 생각하며 두려워한다. 하지만 막상 고치에서 탈출하는 순간, 애벌레는 나비가 되어 창공을 날며 전혀 경험하지 못한 거대한 세상을 알게 된다.

그래서 엘리자베스 퀴블러 로스는 '죽음은 그저 작은 집에서 아주 크고 아름다운 집으로 이동하는 것과 같다'고 한다. 다시 말하자면, 죽음은 소멸이 아니라 차원 이동이라고 설명한다. 공간과 시간 제약이 있는 3차원이라는 지구에서 벗어나 고차원의 세상으로 나아가는 것이다. 이때 그동안 세상에서 유용하게 사용했던 육체와 정신은 두고 영만 떠난다고 한다. 이것을 '유체이탈 현상'이라고 한다.

엘리자베스는 이런 유체이탈 현상에 관한 과학적인 연구를 했다. 그녀는 세계 곳곳에서 죽었다가 살아난 2만여 가지 사례를 수집했다. 일단 죽었다고 판명이 난 후, 다시 살아난 사람이 있다면 어느 나라에 있는지 찾아가 조사를 했다. 그렇게 해서 얻은 결론은 인종과 종교를 초월해서 죽었다가 살아난 사람들은 모두 공통된 경험을 겪었다는 사실이었다.

죽음을 경험한 사람들은 모두 세 단계를 거친다고 한다. 먼저 딱딱하게 죽은 육체에서 영혼이 빠져나가 자신의 죽은 육체를 바라보는 것이 첫 번째 단계다. 여기서 인지력은 남아있다고 한다. 다시 말하자면 자기 죽음 앞에서 울고 있는 가족, 치료했던 의사, 혹은 사고로 죽었으면 현장에서 벌어지는 것들을 인지한다는 뜻이다. 그래서 죽어서 행복하다거나 혹은 억울하다거나 혹은 분노하는 감정도 있다고 한다. 흔히 살해당했다면 죽인 범인도 알고, 사고사라면 누가 잘못했는지도 알고, 또 자기 죽음을 둘러싼 가족의 태도도 알게 된다는 것이다.

두 번째 단계는 이해력과 감정이 남은 상태에서 자신이 살았던 세상을 둘러보고 그곳을 떠나는 단계다. 그동안 살았던 지구를 벗어나는 과정으로 마치 긴 터널을 빠져나가거나 문을 통과하거나 다리를 건너는 등, 사람마다 방법이 다르다고 한다.

엘리자베스도 유체이탈을 경험해 본 적이 있는데 스위스에서 태어난 그녀는 알프스의 아름다운 산길을 가로지르는 경험을 했다고 한다. 이렇게 가다 보면 끝 지점에서 빛이 보이기 시작한다고 한다. 그 빛에 다가갈수록 점점 더 밝아지는데 그 광채는 말로 표현할 수 없을 정도로 찬란하다고 한다. 그리고 그 빛 속에서 자신의 출생에서 죽을 때까지 과정을 되돌아보고 그때 비로소 그동안 세상을 살면서 품었던 이성과 감정은 사라져버린다고 한다. 이처럼 세 번째 단계는 그동안 살아왔던 세상과 완전히 단절되는 새로운 영혼의 시작이라고 한다.

그러나 죽었다가 살아난, 임사체험을 한 사람들 대부분 이 세 번째 단계에 진입하기 전에 되돌아가라는 지침을 받는다고 한다. 아마도 세 번째 단계로 진입하면 결코 돌아오지 못하는 새로운 세계로 진입하는 것 같다. 그런데 두 번째 단계까지 경험한 사람은 결코 되돌아가고 싶어 하지 않았지만, 하는 수 없이 자기 육체로 돌아오게 된다고 한다. 그러나 이런 경험을 한 사람들은 더는 죽음을 두려워하지 않고 오히려 죽기를 소원하며 살게 된다고 한다. 다시 말하자면, 죽음 후에 가야 할 세상이 있다는 것을 알기에 더는 죽음을 두려워하지 않고 하루라도 빨리 가고 싶다는 생각한다는 것이다. 결국, 우리가 죽음을 두려워하는 것은 죽음 자체를 두려워하는 것이 아니라 죽음 이후의 불확실성에 대해 두려워하는 것이다.

이처럼 많은 죽음의 사례를 연구하여 발표한 것을 그저 단순히 엘리자베스의 개인적인 견해라고 생각하는 것도 각자의 몫이다. 그래서 이런 사실을 발표한 그녀는 사후 생은 믿음의 문제가 아니라 '앎의 문제'라고 강조한다. 역사 이래로 인간의 평균 교육수준이 가장 높은 현대를 살면서 죽음을 알려고 하지 않는 것처럼 어리석은 일이 없다. 지식수준이 높아질수록 세상에서 기득권자가 되려는 생각뿐이니….

15
카를 구스타프 융에 의한 사후세계

"21세기에 가장 영향력이 있다는 심리학자 카를 융의 심리학이란 바로 사후세계에 관한 탐구가 아니었을까?" 하는 생각을 해 본다. 그는 인간은 '본질적으로 어떤 존재이며 영원의 관점에서 어떤 존재인가'에 관한 심리 연구를 했다. 특히, 그는 다른 심리학자와는 달리 인간의 정신에서 영을 분리하는 '분석심리학'을 발표했다. 그렇게 사후세계에 대한 관심이 많았던 그가 57세에 심근경색으로 의식을 잃었는데, 그때 유체이탈을 경험했다고 한다. 그는 자서전 『기억 꿈 사상』에 다음과 같은 글을 쓴다.

"나는 아주 높은 우주 공간에 있는 듯했다. 저 멀리 아래쪽에 지구가 장려한 푸른 빛에 싸여 있는 것을 보았다. 지구는 지역에 따라 다채로운 색깔을 띠는 것 같았다. 왼쪽 멀리에는 적황색의 아라비아 사막이 놓여있고, 그다음에는 홍해가 보이고 지중해 끝자락이 시야에 들어왔다. 지구를 한눈에 보일 정도의 높이에 떠서 우주 공간을 내려다보니 그 어떤 것보다 매혹적이었다. 주변에는 거대한 돌덩이가 떠다니고 나도 그렇게 둥둥 떠 있었다. 그런데 그 돌을 벵골만 해변에서 본 적이 있다. 그 돌은 나의 돌이기도 했다. 돌로 들어가는 입구가 있는데 그 입구로 통하는 계단에 가까이 다가갔을 때 나에게 기묘한 일이 일어났다. 내가 지금까지 세상에서 기대하고 바래 왔던 모든 생각이 떨어져 나갔다. 그것은 몹시 고통스러운 과정이었지만 남은 것이 있었다. 그것은 내가 살아오면서 경험하고 행한 것, 내 주변에 일어났던 모든 것은 남아있었다. 나는 그것이 바로 '나'이며 나의 역사라는 사실이었다.

하지만, 내가 겪은 일들이 더러는 아쉽고 더러는 실패해서 억울하기도 한 감정은 사라지고 만족함으로 다가왔다. 그러면서 밝아진 공간으로 들어간다는 것과 내가 알았던 사람들을 만나게 되리라는 확신을 하고 있다. 그곳에서 나는 마침내 나 자신 또한 나의 인생이 어떤 것과 역사적으로 관련되어 있는가를 이해하게 되리라 확신했다. 무엇이 내 이전에 있었고 왜 내가 존재하게 되었으며 내 인생이 어디로 계속 올라갈 것인지 알게 될 것이다.

이런 기대감에 차서 밝은 공간으로 들어가려는데 내 주의를 끄는 일이 발생했다. 아래 지구의 유럽 방면에서 한 형상이 올라오고 있었다. 나는 순간 그가 나를 치료해 주는 의사라는 것을 알아차렸다. 그러면서 그 의사는 내가 지구를 떠나면 안 된다는 항의가 일어났다며 다시 돌아가야 한다고 했다. 그 순간 나는 모든 것이 허사가 된 듯한 절망감에 빠졌다. 이제 다시 저 '작은 상자 체제' 속에 들어가야 한단 말인가!

결국, 3주간 무의식 상태에서 깨어났을 때 나는 몹시 화가 났다. 다시 예전처럼 작은 상자에 들어와 있다는 것이 답답했다. 우주 공간에 있을 때는 무중력 상태였고 나를 잡아당기는 것은 아무것도 없었는데 그것이 사라져 버렸다.

결국, 나는 나를 치료한 의사에게 분노했다. 그가 나를 다시 세상의 삶으로 돌려놓았기 때문이었다. 하지만 문득 그 의사가 그 세계에 나타났다면 그도 죽은 자들에 속한 것이라는 생각과 함께 그가 죽을 거라는 섬뜩한 생각이 들었다. 그런데 실제로 내가 그의 마지막 환자가 되었다. 나는 그 날짜도 정확히 기억한다. 1944년 4월 4일, 침대 모서리에 앉아도 될 만큼 건강을 회복했는데 그날 그 의사는 침대에서 일어나지 못했다. 폐병으로 죽었다고 했다."

이 글은 카를 융의 자서전에서 「생의 한계에 이르러」라는 소제목으로 써진 글을 축약한 것이다. 실제 글에는 무의식과 관련된 원형이론도 들어 있다. 어쨌든, 그가 심근경색으로 3주간 무의식 속에서 생사를 넘나드는 과정 중 겪은 일을 아주 상세히 쓴 글이다. 당연히 이 글을 읽는 사람들은 대부분 이해하기 어려운 황당한 이야기처럼 생각할 것이다. 그러나 21세기 최고의 분석심리학자인 그는 이 체험을 한 후, 연구 활동이 더 왕성해졌다고 한다. 학자로서 죽음 이후에 벌어지는 불확실한 것들이 자기 경험을 통해 명백해지면서 자신감을 느끼고 집필했다는 것이다. 하긴 사람이 죽었다 깨어났는데 무엇이 두렵겠는가? 그동안 세상 사람들로부터 바른 평가를 받기 위해 주저했던 것으로부터 자유로워졌기 때문이 아닐지….

그의 많은 주요 저작은 이 임사체험 이후에 출간되었다. 그는 만물의 종말에 관한 인식 내지는 직관으로, 새로운 방식으로 설명할 수 있는 용기를 가지게 되었다며 다음과 같은 말을 했다.

"이제 나는 내 견해를 인정받으려 애쓰지 않고, 그저 생각의 흐름을 그대로 따르기로 했다. 그것은 존재에 대한 긍정이라고 표현하고 싶다. 병을 앓고 난 후, 나는 비로소 나의 숙명을 긍정하는 것이 가장 중요하다는 것을 깨달았다. 그래야 이해할 수 없는 일이 일어날 때도 내 자아가 굴복하지 않게 된다. 다시 말하자면, 참아내며 견디며 세상과 숙명을 받아들일 자아가 형성된다고 한다. 그러면서 사람은 패배에서도 승리를 체험하게 된다고 한다. 그래야 밖에서 보이는 나와 내 안에 존재하는 자기가 분열을 일으키지 않고 통합할 수 있다."

최근 대중들 사이에서 카를 융에 관한 관심이 급증하고 있다. 그는 사람의 인격을 두 가지로 나누었다. 하나는 밖으로 드러나는 '자아'와, 다른 하나는 마음 깊은 곳에 숨겨진 '자기'라는 인격이다. 이 둘이 통합되어야 비로소 하나의 인격으로 완성된다고 한다. 태어날 때부터 가지고 나온 원래의 자기는 무의식 깊은 곳에 숨겨져 있어 찾아내기 쉽지 않다고 한다. 그러나 세상을 살다 보면 겉으로 드러나는 자기완성에 매진하면 정작 내 안의 자기를 찾지 못한다고 한다. 결국, 이 둘의 분열이 심해질수록 정신 분열이 심해진다고 한다.

결국, 인간이 세상에 태어나 살다가 떠나기 전에 자신의 정체성을 찾아야 한다. 하지만 외적인 세상에 몰입하면서 정작 자기의 안에 정체성을 찾지 못하고 점점 더 세상에 몰입하다 속절없이 결별하기도 한다. 세상에서 내 안의 '자기'를 찾지 못하면 다시는 왔던 곳으로 돌아가지 못하는 이유다.

인류 역사 이래로, 인간의 심리를 누구보다 많이 누구보다 많이 안다고 인정을 받은 심리학자가 죽음의 문턱에서 직접 겪은 상황을 자세히 기록으로 남겼다면 분명 사후세계가 있다는 것이리라. 하기는 누가 무어라 해도 내가 죽어야 확실히 알겠지만, 그때는 이미 늦은 뒤인데….

3 부

아름다운 죽음이
살아온 생을 아름답게 만든다

❋

"나는 아우슈비츠 강제 수용소에서 어떤 사람은 성자처럼 행동하고, 또 다른
사람은 돼지처럼 행동하는 것을 보았다. 사람은 내면에 두개의 잠재력이 있는
데, 그중에 어떤 것을 취하느냐 문제는 전적으로 그 사람에게 달렸다.
인간은 아우슈비츠 가스실을 만든 존재이자 또한 의연하게 가스실로 들어가
면서 주기도문을 외울 수 있는 존재다.

– 빅터 프랭클의 『죽음의 수용소(*Man's Search for Meaning*)』에서

16

시작과 끝을 보는 세대

베이비붐 세대가 노년에 이르니 대한민국 근대화 역사에 막대한 영향을
미쳤던 사람들의 끝을 보고 있다. 박정희가 죽고, 노무현이 죽고, 김대중
이 죽고, 김영삼이 죽고, 노태우도 죽고 결국 전두환도 죽고 말았다. 또
한, 돈이 너무 많았다는 이병철이 죽고, 그의 장남 이맹희가 죽고, 이건
희가 죽고, 정주영이 죽고, 그의 오남 정몽헌이 죽고, 조중훈이 죽고, 최
종현이 죽고, 구본무가 죽고….

　그들은 베이비붐 세대의 기억에 살아 있는 성공 신화를 이룩한 인물
들이었다. 그저 옛날 옛적에 문헌에서나 배웠던 인물이 아니라, 모두가
성공하기 위해 열망하며 바라보던 인물들이었다. 하지만, 영원히 살아 있
을 것처럼 권력과 재물을 취했던 그들도 어느새 죽고 없다. 베이비붐 세
대는 대한민국 현대사를 주름잡던 이런 인물들의 끝을 보는 세대인 셈
이다. 저들은 무슨 복이 많아 저토록 멋지게 살까? 얼마나 좋을까? 그런
기대감으로 바라보았는데 저렇게 죽다니. 그러나, 살아생전 그토록 많은
사람의 입에 오르내리더니 이제 그들을 기억하는 사람은 아무도 없다.
인간으로 태어나 모든 부귀영화를 다 누려봤다는 솔로몬은 「전도서」에
서 이렇게 말한다.

"모든 사람은 공통의 운명을 갖는다. 의인이나 악인이나, 선인이나 강도나, 깨 끗한 자나 더러운 자나, 예배를 드리는 자나 드리지 않는 자나 모두 마찬가지 다. 선인에게 임하는 일이나 죄인에게 임하는 일이나, 맹세하는 자나 매일 반이 다. 모든 사람이 다 같은 운명에 놓인다는 것이다. 이에 따라, 사람은 그 마음 에 한평생 악으로 가득하고, 사는 동안 미친 짓을 생각하다, 결국 죽고 만다."

의학이 발달한 현대를 사는 사람은 솔로몬의 말처럼, 사는 동안 돈과 권력 그리고 명예를 동원하여 살려는 미친 짓을 더 하는 것 같다. 그러나, 나는 중환자실에서 근무하면서 죽어가는 사람들의 모습을 많이 보았다. 권력가나 재력가나 혹은 노숙자나, 그들의 마지막 모습은 두려움에 휩싸 여 죽는 모습으로 서로 같다. 죽음 앞에서는 그동안 세상에 갖고 있던 모 든 권세를 전혀 발휘하지 못한다.

그 어느 시대보다 더 오랫동안 산다지만, 인간의 삶에 대한 욕심에는 결코 만족이 없다. 그러나, 「잠언서」에 보면 세상에 아무리 채워도 만족할 줄 모르는 서너 가지가 있는데, 그중 하나가 죽은 자를 계속해서 받아들 이는 무덤이라고 했다. 결국, 세상은 산 자와 죽은 자의 싸움일 뿐인데… 그래서 솔로몬은 "지혜로운 자는 죽을 때를 생각하지만, 어리석은 자는 즐길 생각만 한다"라고 했다. 그러나 기를 쓰고 하루라도 더 사는 것을 축 복으로 여기고, 더하여 권력과 부를 가진 자는 수단과 방법을 가리지 않 고 살고자 한다. 마치 불로초라도 나오기를 기다리는 모양새이다. 수조를 가진 이건희가 오랫동안 병상에 누워 있을 때 '유병언은 죽은 척하고 이건 희는 산 척한다'는 떠도는 말이 있었다. 특히 권력이나 재물을 가진 사람들의 말년에 대한 소문은 가진 것만큼 사람들의 관심 또한 많다.

최근에 모 유명 희극인이 수조 원을 남기고 죽었다는 거짓 뉴스를 누군가가 인터넷 영상 플랫폼에 올리자, 구독자가 몰리면서 거짓 뉴스 유포자는 억 단위의 돈을 벌었다고 한다. 한때 대한민국 최고의 명성을 얻고, 방송가에서 가장 출연료가 높아서 이른바 '방송가의 황제'로 불린 그는 실제로 빈털터리로 죽었다는 후문이다. 그런데, 그의 죽음으로 거짓 뉴스 유포자가 한순간에 큰돈을 벌었다니, 웃어야 할지 울어야 할지… 이처럼 인기로 먹고살았던 연예인이나 수조를 남기고 죽어가는 기업인이나, 엄청난 권력을 가졌던 사람들의 말년 모습을 보는 대중의 관심은 그칠 줄 모른다. 아마도 그 마음에는 그들에 대한 시기와 질투심 때문일 것이다. 세상에서 남들이 못 누린 것을 그들은 그만큼 누렸으니 죽을 때 보자 하는 마음이 아닐까? 그래서 솔로몬은 다음과 같이 말한다.

"사람의 온갖 노력과 성취는 사실상 그 동기가 다른 사람들에 대한 경쟁심과 시기심에서 비롯된 것임을 알았다. 하지만, 결국엔 그런 모든 수고 또한 헛되고 허무한 일이니, 바람을 붙잡으려는 것처럼 부질없는 짓이다."

「전도서」에 보면 인간은 태어나는 날보다 죽는 날이 더 낫다고 한다. 또한, 잔칫집에 가는 것보다 초상집에 가는 것이 낫다고 한다. 그 이유는 모든 사람은 죽을 것이기 때문에 살아 있는 사람은 이것을 명시해야 한다고 했다. 그리고 많이 가져서 죽지 않으려는 자들에게 하나님께서는 딱하다고 말씀하신다. 부와 재산, 영예를 모두 줘서 더 바랄 것이 없지만, 동시에 그가 가진 모든 것을 누리지 못하도록 하고, 타인이 대신 누리게 하겠다고 하신다. 솔직히 죽음을 목전에 둔 자가 수조를 가진 재벌이라 한들, 그가 죽으면 그 돈으로 재벌이 될 자식들과 무슨 상관이 있을까? 하나님은 개인 구원이라고 하신다. 그래서 세상에 모든 것을 가져 보았다는 솔로몬도 죽음 앞에 그동안 살아온 것이 오히려 허무하고 큰 재앙이었다고 탄식한다.

김대중이 죽어서 노무현을 만났다고 한다. 반가운 마음에 인사했더니 노무현이 반말하더란다. 기분이 나빠진 김대중이 왜 반발하느냐고 따지자, 노무현이 이렇게 대답하더란다.

"세상에 태어난 순서와 마찬가지로 여기도 먼저 온 사람이 형이라고…"

하지만, 남보다 오래 살았다면 그것만 한 축복이 어디 있겠는가? 또, '개똥밭에 굴러도 이승이 좋다'는 「잠언서」에서도 백발은 영예로운 면류관이라고 했건만… 그러나 노년까지 살다 보니 익숙해진 이승이 전부라고 생각하다 그만 길을 잃고 말면 그처럼 헛된 인생이 없건만. 그럴 바에는 차라리 어머니 뱃속에서 죽으라 하지 않던가.

17

끝에서 세어지는 나이

어느새 환갑을 훌쩍 넘기고 70살 고지를 눈앞에 두고 있다. 앞으로 살 날이 살아온 날보다 적어졌다. 그래서 모든 것이 끝에서 세고 헤아린다. 긴 겨울이 지나 따뜻한 봄이 오면 "이토록 찬란한 봄을 스무 번이나 볼까?" 하면서 말이다. 하지만 분명 끝이라는 것을 알면서도, 그 끝이 쉽게 받아들여지지 않는다.

사실 청년 시절에 노인을 바라보던 시각은 그저 "60살 정도면 다 산 것 아니야?" 하는 생각과 같았다. 얼마 전에 수도권 대학생에게도 설문 조사를 했단다. '부모가 얼마까지 살았으면 좋겠냐'는 대답은 63세가 적당하다고 대답했단다. 이 사실을 알자, 부모들은 충격을 받았다지만 나도 청년 시절에도 그런 생각을 했었다. 아마도 그때는 늙는다는 생각하지 못하고 마냥 청춘일 줄 알았기 때문이었을 것이다. 그래서 '철부지'라고 하는 것이다.

결국, 노인이 되어야 비로소 노인을 알게 되는 노인이다. 그래서 요즈음 노인이 노인을 경시하는 청년에게 하는 말로 "너 늙어 봤어? 나 젊어 봤어"가 있는데, 이는 아마도 "청년들아, 지식이 많다고 잘난 척 마라. 죽었다 깨어도 살아온 인생의 경륜을 못 따른다"며 웃자고 한 말이리라. 따라서, 노인이 청년과 서로 다른 점은 밥그릇 개수이리라. 세상 모든 권력, 돈, 명예, 더하여 힘과 기개 등등, 그 어떤 것도 노인은 절대 청년을 이기지 못하지만, 나이만큼은 청년이 노인을 절대로 따라잡지 못한다는 것이다.

문제는 최근 일부 노인이 그런 나잇값을 못한다는 것이다. 그 이유는 그들이 청춘의 자리로 돌아가려 하기 때문이다. 다시 말하자면 100세 시대라며 노인이 청춘처럼 즐기기 위해 운동으로 육체를 튼튼히 하고 영양제를 먹고 성형하고 나이를 잊을 만큼 즐거운 일을 찾아 헤매기만 한다면 이는 곧 결국 노인을 인정하지 않는 것이다. 그래서 나잇값을 못한다는 소리를 듣게 되는 것이 아닐까?

그러면 "100세 시대에 죽으라는 말이냐?" 하고 외치는 노인도 있겠지만 가장 중요한 것은 청년을 지나 노인까지 살게 되었다면, 분명 청년과 다른 삶을 추구해야 한다는 것이다. 노인이 청년과 다른 것은 바로 차별화다. 노인과 청년이 같은 자리에서 같아지려는 순간, 노인답지 못하다는 소리를 듣게 되는 것이다.

노인답다는 것은 무엇일까? 나름 분류해 보았다. 첫째, 청년이 노인이 된다는 것을 깨닫지는 못하는 나이지만, 노인도 다시 청년의 자리로 돌아가지 못한다는 것을 깨닫는 나이다. 둘째, 어떤 세상이 와도 노인과 청년은 전혀 다른 방향에 서 있다는 것을 알아야 하는 나이다. 다시 말하자면, 청년은 정상을 향해 올라가는 자리이고, 노인은 정상에서 내려오는 자리다. 그래서 청년은 아직 가보지 못한 정상을 향해 가기에 무모한 도전을 하는 것이다. 그래서 소크라테스는 그런 청년의 무모함으로 세상은 발전해 나간다고 본 모양이다. 그러나 소크라테스는 노년에는 신중해지라고 했다. 아마도 노인은 자신이 올라온 길을 바라보며 내려가기에 신중히 해야 할 것이다. 사고는 산에서 내려올 때 더 많이 발생한다고 하니 말이다.

노인까지 살아온 내 생각은 인생이라는 무대에서 청장년까지는 무대에서 연기하는 배우고, 노인은 그저 관객일 뿐이라는 것이다. 물론 세상에 태어나 장년에 이르기까지 무대에서 열정적으로 연기했지만, 노년에 이르니 이제는 배우의 역할이 아니라 무대를 바라보는 관객의 역할을 하는 것이 아닌가 하는 기분이 든다.

그런데, 오늘날 배역을 마친 노인은 여전히 무대에서 내려오고 싶어 하지 않는다. 100세 장수 시대라며, 혹은 청년들을 못 믿겠다며 그래서 아직 때가 아니라며 무대를 고집하며 내 말을 들으라고 하지만, 같은 무대에서는 모두가 경쟁자일 뿐이다. 참으로 힘들게 살아서 노인이라는 자리까지 왔는데, 내 인생이라는 무대가 아직 남은 것 같은데 내려가라니… 목숨이 붙어 있는 한, 내 인생은 나의 것이라며 멋진 연기를 하다 죽으려 했는데… 도리어 "저 철부지들이 뭘 알아? 늬들이 게 맛을 알아?" 하면서 버티게 된다.

그러나, 아무리 화려한 연기를 완벽하게 하며 세대를 아우르겠다고 하지만, 무대에서 가장 영향력이 있는 사람은 바로 관객이다. 인기 있는 연기자만 고집하지 말고 관객의 입장으로 내려가야 비로소 무대를 한눈에 보게 된다. 그리고 그동안 내가 해 왔던 연기 경험으로 그들이 하는 연기를 보면서 평가할 수도 있다. 그러면 청년도 관객의 자리로 내려간 노인의 말에 귀를 기울이지 않을까?

초고령화 사회로 접어든 대한민국, 노인이 급증하고 있는 현실에서 수명이 늘었다고 마냥 좋아할 수만은 없는 것 같다. 이제는 노인이라는 존재는 가정문제가 아니라 사회문제로 떠오르고 있다. 그 이유는 선진화로 인한 복지 정책이 노인에게 편중되면서, 그로 인해 청년들과의 갈등이 점차 심화하고 있기 때문이다. 『성경』에서는 노인이 오래 살면서 불화의 원인이 되면 어머니 태안에서 죽는 게 낫다고 하지 않던가? 결국, 시대 운이 좋아 장수한다지만 내려올 때를 잘 알라는 말일 것이다.

그래도 노인까지 산다는 것도 하나님의 축복이라고 한다. 결국, 이 험난한 세상에서 용케 노인까지 살았다면 오래 사는 것을 소원하기보다는 의미 있는 삶을 살아야 한다는 숙제가 남았다.

18
존귀한 자가 사랑받는 것이 아니라
사랑받는 자가 존귀하다

애완동물을 아주 싫어하는 지인이 있다. 그런데 사랑하는 어린 딸이 애완동물을 키우는 것이 소원이라고 졸라댔다. 지인은 몇 번을 거절한 끝에 7천 원을 주고 햄스터를 사 주었다. 딸은 그 햄스터를 키우며 행복하였는데 어느 날 햄스터가 비실대는 것이었다. 병이 난 게 분명했다. 딸은 축 늘어진 햄스터를 보며 슬퍼하니 지인은 어쩔 수 없이 동물병원에 데려갔다. 수의사는 햄스터 여기저기에 종양이 보인다며 초음파를 해 보잔다. 게다가 치료 비용은 10만 원이라고 했다. 고작 7천 원 주고 산 그것에게 10만 원을…? 지인은 병든 햄스터를 포기하려는데 그것을 알아챈 딸의 눈에 눈물이 쏟아지더란다. 결국, 원장이 요구하는 이것저것을 다 하고 무려 15만 원이라는 거금을 지불하고 그곳을 나왔다.

하지만, 기운차린 햄스터를 행복하게 바라보는 딸을 보니 지인도 행복하더란다. 그제야 지인은 햄스터의 가치가 7천 원이 아니라 사랑받는 만큼의 가치였다는 것을 알았단다. 그래서 세상의 가치는 오로지 사랑받는 만큼의 존재가치가 있음을 알았다고 한다.

지금의 세상이 아무리 풍요와 과학의 시대라지만, 결국 인류 발전은 개개인의 능력보다는 시공간을 초월한 사랑의 발자취로 나아갈 뿐이다. '오늘의 나'는 나의 능력이라기보다는 누군가의 간절한 바람이었을 것이다. 그 바람은 바로 내가 아닌 나를 사랑했던 사람들의 소망이었을 것이다. 결국, 나는 오래전 누군가의 소망에서부터 지금 내게 가장 가까운 사람의 소망이 모인 결집이라 할 수 있다. 이렇게 빚을 지고 된 나이고 보니 당연히 누군가를 위한 소망을 품어야 한다. 이처럼 세상은 물질로 이어지는 것이 아니라, 간절한 소망의 결집으로 이어지는 것이다.

　제2차 세계대전이 끝난 뒤, 80~90년대에 냉전 체제마저 무너졌다. 이 무렵에 세계 경제가 급성장하면서 삶이 풍요로워지자, 인간들은 다양한 형태로 변화되면서 기존의 전통적인 역할을 두고 진부하다며 부정한다. 결국, 부와 권력 혹은 명예, 심지어 인기조차 쏠림 현상이 가속화되고 능력이라는 이름으로 경계선이 무너졌다. 그래서 가진 자는 더 갖고, 없는 자는 점점 더 빈곤의 나락으로 떨어진다. 남녀 간의 편 가르기는 도를 넘고 부모와 자식 간의 원칙도 사라지고 세대 간 양보도 없다.

　이처럼 모두 역할에 대한 불만이 가득하다. 세상이 변했는데 왜 타고난 대로 살아야 하느냐고 아우성친다. 그래서 대접은 주전자처럼 살겠다고 하고, 종지는 대접처럼 살겠다고 한다. 저마다 타고난 그릇의 역할을 바꾸겠다고 혹은 더 키워보겠다고 요란 법석이다. 하지만, 그릇이 크고 화려하다고 누가 귀하다고 했나? 남들 눈에 번쩍 뜨이도록 큰 그릇은 쓰임이 많지 않다. 재수가 없으면 한 번도 쓰이지 못하고 진열장에만 놓여 먼지만 뒤집어쓰고 있다.

그러나, 작은 종지는 어디든 쉽게 쓰임을 받는다. 그릇을 만드신 하나님은 크기를 상관하지 않고 쓰임을 보신다고 하신다. 또한, 깨끗한 그릇을 좋아하신다고 한다. 그런데, 그릇은 큰데 더럽고 악한 것만 잔뜩 들어 있으면 차라리 작은 그릇이 낫지 않을까?

세상이라는 무대는 누구나 주인공일 수는 없다. 아무리 그런 세상이라지만 모두가 부러워하는 주인공보다 작은 역할이라도, 주어진 역할에 최선을 다하는 것에 점수를 더 주신다고 하신다. 그래서 하나님은 작은 것에 충성했다고 칭찬하고 그래서 더 큰 역할을 주시겠다고 하시지 않던가? 성경에는 하나님이 토기장이이고, 인간을 토기장이가 목적을 가지고 빚은 토기에 비유한다. 이렇게 만들어진 토기가 토기장이에게 '왜 이렇게 만들었느냐'고 불평한다면, 결국 토기장이는 그 토기를 깨버리고 말 것이다.

세상이 커졌다고 인간은 저 잘난 맛에 고개를 양껏 쳐들고 자기 예측으로 치고 나간다. 그래서 양보나 나눔은 전혀 없고, 재물을 쌓고, 권력에 심취하고, 인기에 몰입하지만, 하나님은 딱하다는 듯이 말씀하신다.

"그래, 욕심껏 채워봐라. 오늘 밤, 네 영혼을 취하리라. 죽을 때 세상에서 네가 쌓은 재물, 권력, 명예 다 두고 오로지 사랑받은 느낌만 들고 간단다."

인간이 죽을 때 가지고 간다는 영혼, 이 영혼에 사랑받은 느낌만 들고 간다니. 세상에 모든 생명체 중에 유일하게 영혼을 지닌 인간은 바로 초월적인 하나님과 소통하는 능력을 갖추고 있다. 하나님의 특성 중 하나가 '존귀함'이다. 인간을 창조하신 하나님은 인간과 영적 소통을 하게 하고 당신과 같은 '존귀함'을 지니라고 하셨다. 그래서 모든 인간의 DNA에는 바로 존귀하게 되고자 하는 욕구가 자리 잡고 있다. 사실 인간이 돈과 권력에 집착하는 것도 존귀한 자로 인정받고 싶은 것이다. 이는 존대 받기 위한 차별적인 수단으로 자기 능력을 내세우는 것이다.

하지만 존귀함이란, 어떤 수단과 방법을 동원해서 스스로 존귀해지지 못한다는 사실이 있다. 다시 말하자면 누군가가 타인을 존귀하게 만들어 주는, 즉 '관계성'에서 오는 것이기 때문이다. 대표적으로, 인간도 하나님이 존귀하게 만들어 주신 것이다.

예를 들면, 세상에 남들이 부러워하는 재물을 가진 자나 권력과 명예를 가진 자들은 스스로 존귀한 체를 하지만 대소변은 봐야 한다. 하지만 그것을 치워주는 사람이 없다면, 과연 그 상황에서 그가 존귀해 보일까? 조화를 강조하시는 하나님은 스스로 존귀하다며 높은 자리에서 큰소리치는 사람보다 누군가를 존귀하게 해주는 사람에게 높은 점수를 주신다고 한다. 결국, 아무리 인간이 비싼 값이라고 주장한들 사랑이 없으면 똥값에 불과하다.

고작 7천 원에 산 햄스터지만 오로지 사랑하는 딸의 사랑으로 그 가치가 수십 배가 오른 것처럼, 세상에 사는 동안 나를 사랑하는 사람의 가치에 더하여 마지막 때에 하나님의 사랑이 더해진다면 세상에서 매기지 못할 값까지 오르겠건만….

그래서 존귀한 자가 사랑받는 것이 아니라 사랑받는 자가 존귀해지건만… 그것도 이처럼 햄스터라는 보잘것없는 것에도 사랑을 듬뿍 담는 딸의 마음을 누구보다 사랑하는 아버지 마음이라니… 그래서 세상은 살아갈 만한 곳이기도 하다..

19
자족하는 삶

지금 선진국들이 초고령사회에 접어든다고 한다. 더구나 한국은 단기적으로 고령화 진행 속도가 가장 빠른 나라라고 한다. 이제 거리 어디를 가나 노인이 많다. 백화점에도, 음식점에도, 전철에도, 공원에도, 재래시장에도… 노인의 수가 폭발적으로 늘고 있다. 여행 중에 만나는 사람도 대부분 노인이다. 일일 생활권인 천안이나 춘천으로 가는 기차 안은 온통 노인으로 가득하다. 배낭을 멘 노인이 아침부터 산을 오른다. 100세 시대에 노인 소리를 듣지 않으려면 젊은이처럼 돌아다녀야 한단다.

이제 노인은 '객사(客死)'해야 잘 죽은 거란다. 지인이 노인을 대상으로 하는 강연장에서 들었다고 한다. 아마도 노인이라고 스스로 위축되지 말고 보다 활동적으로 살아야 한다는 것을 강조한 것이라지만 이는 지나치게 작위적이다. 하나님의 형상대로 만들어진 것이 인간인데… 하물며 코끼리도 자기 죽을 자리를 찾아가고, 연어도 죽기 전에 태어난 곳으로 회귀한다고 한다. 아무리 세상이 바뀌었다지만 인간으로 태어나 돌아다니다가 길에서 죽어야 한다니… 더구나 인간은 하나님과 교통하는 '영(靈)'이 있다. 솔로몬은 「전도서」에서 다음과 같이 말했다.

"인간이 짐승과 같은 것은 둘 다 죽어 몸은 흙으로 돌아가고 다른 것은 짐승의 영은 땅으로 내려가고 인간의 영은 위로 올라간다."

정신의학자인 카를 융은 1875년 스위스 케스빌(Kesswil)에서 목사의 아들로 태어나 향년 85세에 죽었다. 분석심리학의 대가인 그는 심리학뿐만 아니라 종교와 인문, 문화 등 전 분야에 막대한 영향을 미친 인물이다. 말년에 역사를 꿰뚫어 보는 시사 논평으로도 명성을 얻었다. 그런 그는 말년에 취리히 호숫가에 위치한 볼링겐(Bollingen)이라는 곳에서 철저히 문명을 배제한 집을 짓고 살았다. 그는 전기를 쓰지 않고 저녁이면 등잔불을 밝히고, 벽난로에 불을 지피고 펌프로 물을 퍼 올리고, 화덕에서 직접 요리해 먹으면서 이렇게 말했다.

"이런 단순함이 사람을 단순하게 한다. 그런데 단순해지는 것이 얼마나 어려운 일인가?"

그는 그런 단순한 삶을 이어나가며 홀로 명상을 즐기면서 스스로 성숙하는 장소라며 이유를 다음과 같이 설명했다.

"그 집에서 나는 현재의 나, 과거의 나, 미래의 나로 다시 존재할 수 있는 자궁, 모성의 느낌을 받는다."

세상 사람들은 그를 밖으로 끌고 나오려 했지만, 그는 다음과 같이 말하며 거절했다.

> "나의 시대에 이름을 날렸던 학계와 정계의 거물, 탐험가, 예술가, 문필가, 군주 그리고 재벌들은 나와 대화를 나누기를 원하고 대부분이 부탁할 일을 가지고 찾아왔지만, 거기에 대해 내가 언급할 수도 없고 해서도 안 해서도 안 되는 것이다. 그러한 인물들은 세상 사람들의 눈에 어떻게 비쳤든지 그에 상관없이 따분하기만 하다."

그래서 세상 사람들은 그에게 자서전을 쓸 것을 간곡하게 요청했다. 그는 처음에는 자서전 중에는 자기기만과 고의적인 거짓말로 채워진 것이 많다며 거절했다. 그는 자기 자신을 기술한다는 것이 불가능한 일임을 너무도 잘 알기에 감히 엄두도 내지 못한다고 하면서… 그러나 계속되는 요구에 결국 사후에 출간하기로 하고 자서전의 저술을 시작한다. 그는 분석심리학의 대가로 인간 심리에 대한 수많은 논문을 발표했지만 죽는 날까지 자신의 생애에 대해 풀지 못한 의문과 미래의 독자에 대한 두려움이 남아있다고 했다.

그런데도, 현대의 권력가나 명망가, 혹은 자산가도 자기의 위세를 드러내는 자서전을 쓰기를 즐긴다. 이들은 그런 자신의 당대 위세로 자기를 드러내지만, 후일 그것이 자기 발목을 잡는 족쇄가 되고 만다. 예컨대, 전두환은 2017년에 여든이 훌쩍 넘은 나이에 발간한 회고록에서 실제 사실을 왜곡했다는 이유로 재판까지 받는 수모를 겪다가 이윽고 생을 마감

했다. 인생이란 부족해서 망가지는 것이 아니라 과해서 망하건만… 세상이 커졌다고 누린 자의 욕심이 하늘을 찌른다.

> "그림자처럼 덧없는 인생에서 사람에게 진정 좋은 것이 과연 누가 알 수 있으랴! 또한, 사람이 죽은 다음에, 해 아래서 일어날 일을 과연 누가 그에게 말해줄 수 있으랴!"

세상에서 가장 지혜로웠다는 왕 솔로몬의 말이다.

단군 이래 최대 호황기를 살면서 다 누려본 베이비붐 세대. 도심에 남아서 문명의 혜택을 봐야 한다지만 노인은 자연으로 돌아가는 길목에 서 있다. 「시편」에서는 "자연에서 안식하면 늙어서도 열매를 맺고 항상 싱싱하고 푸를 것"이라고 말한다. 그러나 세상은 혼탁한 소리가 점점 커져 분명한 진리가 점점 희미해지고 있다. 도심 초고층 아파트의 가격이 천정부지로 뛰고 있단다. 그런 아파트를 가장 많이 차지하고 있는 연령대가 60대 이상이란다. 거기다가 재건축을 기다리며 온갖 공해에 찌든 아파트가 불편해도 버티겠단다. 절대로 도심을 떠나면 안 된다며 젊은이의 수발을 받겠단다. 백 세 때까지 팔팔하게 산다며 맛집 찾아다니고, 여행 다니고, 몸에 좋다는 보약 먹으면서, 노인을 위한 복지 영역을 늘리라고 소리치며 거리에서 죽기를 소원한다니….

삶이 고달픈 청년은 그런 모습을 바라보며 "귀신은 뭐 하나?"라는 생각을 가질지도 모른다. 그래서 청년들은 자연에 묻혀 오순도순 살아가는 노부부를 경이롭게 바라본다. 17살에 시집와 평생 한곳에서만 살았다는 할머니를 위해 할아버지는 나무를 지고 불을 지피고 소를 키우고 빈 땅을 갈아 농사를 짓고, 할머니는 그런 할아버지를 위해 밥을 하면서 자족한다. 노부부가 다정하게 손잡은 모습이 사람을 행복하게 하는 소소한 기쁨 50가지 중 하나라고 하지 않던가.

20
인간 김대중

20대부터 중환자실 간호사로 근무하면서 수많은 사람이 죽어가는 마지막을 보았다. 세상을 뒤흔드는 권력가나 재벌이라는 이름의 기업가나 많은 사람이 추종하는 명망가도 죽어갈 땐 병자이며, 그 모습은 죽음을 두려워하는 초라한 환자에 불과하다. 병원에 입원하는 순간, 사회에서 어떤 옷을 입었든 상관하지 않고 노숙자가 입는 똑같은 환자복을 입을 뿐이다. 그래서 세상에서 이룬 것이 많은 사람일수록 죽음 앞에 선 모습은 상대적으로 더 초라하게 느껴진다. 그리고 "그런 그들의 마지막은 어떨까?" 하는 인간적인 호기심이 생긴다.

이처럼 세상에서 사람들이 주목받고 이름을 날렸던 환자 중에 유독 정치가의 말로가 초라하기 그지없다. 기업가나 명망가는 나름 절제하려는 경향이 있지만, 권력가는 오히려 사람들에게 더 위용을 보이려고 의료인이나 가족에게 갑질을 한다. 그럴수록 더욱 초라해 보이건만… 그래서 유독 기억에 남는 전직 대통령이 있다. 제15대 대통령 김대중이다.

사실 김대중에 대한 세상 평판은 그다지 우호적이지 않다. 그는 자기 약속을 수시로 바꾸고 기어이 대통령이 되었다. 그런 그는 호남의 편중된 표로 대통령이 되었으니, 그에 대한 비판여론도 항상 따라다녔다. 그러나 살아생전에는 그토록 논란거리가 되더니 그가 죽었다는 소식에 모든 국민은 애도했다. 국민은 그가 비자금을 얼마나 비축했는지, 진정한 고향이 어디인지, 노벨상을 타기 위해 얼마나 많은 돈을 지급한 것인지 더는 알려 하지 않았다. 그저 소문만 남긴 채 그는 남들이 사는 세월 수를 충분히 채우고 대한민국 지도자 중에서 최고의 예우인 국장(國葬)으로 현충원 국립묘지에 편안히 안장되었다. 대한민국 현대사에 현재까지 20대 대통령까지 내려오면서 국장을 치른 대통령은 단 두 명이다. 국장이라고 하면 죽어서도 대통령으로 인정을 받는 뜻인데 먼저 국장을 치른 박정희는 국민적 화합을 이루었다기보다는 권력이 남아있었고 초유의 사태에 얼떨결에 사망해서 치러진 국장이었다.

이변이 없는 한, 김대중은 대한민국의 민주화를 완성하고, 적을 끌어안은 정치가로서, 세계 평화에 이바지한 인물로 남을 것이다. 살아생전 대통령이더니 죽어서도 훌륭한 대통령으로 추앙받는다면 그는 세상에서 산 것의 열매를 들고 죽는 것이다. 『성경』에서 이스라엘 역사서를 보면 '왕이 조상의 무덤에 편안히 묻히는 것'을 가장 큰 복이라고 한다.

김대중은 2009년 8월, 향년 85세의 일기로 세상을 떠났다. 그는 말년에 병이 깊어져 병원 생활을 오래 했다. 그런데 병원 직원들은 김대중보다 이희호 여사에 더 주목했다. 그 이유는 이희호 여사가 남편의 침상을 절대 떠나지 않았기 때문이었다. 대부분 돈과 권력이 있는 사람의 배우자가 직접 간병하는 경우가 없기 때문이다. 이희호 여사는 남편보다 두 살이 더 많다. 그런 노구에 한때 영부인까지 했던 여인이 오로지 남편의 침상을 지켰다. 김대중은 오랜 입원 생활로 이미 식물인간 상태였다. 다시 말하자면 의식도 없고 대소변을 다 치워주어야 하는 상태였다. 일반적으로 그런 상태가 되면 간병인에게 맡기는 것이 상례지만 이희호 여사는 손수 직접 했다고 한다.

누구에게도 자기 남편의 치부를 보이지 않기 위해 스스로 팔을 걷어붙이며 간호했음은 물론, 그녀가 침상 곁에 앉아 뜨개질하는 모습도 의료인에게 깊은 인상을 남겨 주었다. 그녀는 남편의 체온이 떨어진다며 발싸개와 장갑을 떴다. 그래도 따뜻해지지 않으면 수시로 발과 손을 마사지해주기도 했단다. 여기에 천주교 신자였던 그녀는 남편에게 『성경』을 읽어주는 것도 게을리하지 않았다고 한다. 그래서인지 김대중 전 대통령은 대한민국 대통령 중에 유일하게 아내 곁에서 편안한 죽음을 맞이한 대통령이라고 할 수 있겠다.

그가 대한민국 대통령이라는 품위를 지키며 편안히 죽었다는 것은 아마도 이희호의 간절한 바람이었을 것이다. 그것이 그녀의 가치이기도 하다. 그녀는 유독 명예욕이 강한 남편의 바람을 알았기에 곁에서 자신이 모든 수발을 기꺼이 자처하며 죽어가는 남편의 영혼을 지키며 기도했을 것이다. 흔히 개인의 능력으로 구원에 이른다고 하지만, 그는 아내로 인해 구원받은 것이 분명하다.

「전도서」에 보면, "무릇 살아 있는 사람에게는 누구나 소망이 있으니, 이것은 산 개가 죽은 사자보다 낫다"라는 구절이 있다. 결국, 아무리 권세 있는 자라도 죽은 다음에는 그 힘을 쓰지 못하고 결국 산 자의 힘으로 죽은 자의 소망을 이루게 하는 것은 아닐지… 더구나 하나님은 내 소망보다는 자신이 사랑한 사람의 소망을 이루게 해달라는 기도를 가장 잘 들어 주신다고 한다.

또한, 죽을 때 곁에서 지켜주는 사람이 있다면 두렵지 않다고 한단다. 그래서 죽은 영혼을 지켜주는 자가 복을 받는다고 했다. 흔히 무의식 상태란, 뇌의 기능을 상실해서 사고력을 상실한 상태라고 한다. 하지만 무의식 상태에서도 인간의 영은 존재한다고 한다. 흔히 죽을 때 유체이탈을 경험한 사람들의 말에 의하면, 자신이 죽어가는 몸에서 빠져나온 영이 한동안 그것을 머물다 떠난다고 한다. 이때 죽은 자신을 향한 산자의 진정성을 볼 수 있다고 한다.

김대중 전 대통령은 평생의 동지인 아내가 곁에 있으니 행복한 영이 되어 세상을 떠난 것은 아닐까? 자손을 둔 이희호는 남편을 이토록 극진하게 대접하여 세상을 떠나게 한 것은 바로 후손을 위한 것이리라. 세상을 살다 간 영혼이 평안해야 자손도 평안하단다.

21
존귀해지고 싶은 마지막 욕구

인간의 수명이 늘었다지만 오히려 병든 세월만 길어졌을 뿐이다. 그러니 노인 수발이 가족 문제를 넘어 사회적 문제로 확산하고 있다. 그나마 나라 경제가 좋아 복지 정책이 확대되어 가족이 직접 보지 않아도 되는 시스템으로 퍼지는 추세라 자녀들이 부모를 손수 돌보지 않는다고 한다. 하지만, 요양원이나 노인병원에서 돌봄을 받는 노인은 자식으로부터 버려졌다는 생각으로 생을 마감한다고 한다.

친구 중에 아주 부잣집 딸이 있다. 부모 잘 만나서 남부럽지 않게 살다가 능력이 있는 남편을 만나 누리고 싶은 것을 다 누린다는 소위 '팔자 좋은 년'이었다. 동창들이 그녀를 만나면 하는 농담이 있었다. "얼굴 예쁜 년이 절대 못 이기는 년은 공부 잘하는 년이고, 얼굴 예쁜 년이 절대 못 이기는 년이 팔자 좋은 년이라고. 그런데 그녀는 얼굴도 예쁘고 공부도 잘했고 팔자도 좋으니 세 가지 복을 가진 정말 대박 인생이다"라고. 그래서 동창들은 세상은 불공평하다며 입을 모으면, 그녀도 그 의견에 스스로 인정하고 딱히 반대하지 않았을 만큼 소위 '팔자 좋은 여자'로 살아왔다.

그러던 어느 날, 그녀의 친정아버지가 뇌졸중으로 쓰러져 병원에 입원하고 말았다. 그녀의 아버지는 1970년대부터 이는 개발붐을 타고 뛰어든 건설업으로 큰돈을 벌고 1980년대 중동까지 진출하여 탄탄한 중소기업으로 성장시켰다. 지칠 줄 모르는 성공의 가도를 달리던 아버지가 그만 75살이란 나이에 수족을 못 쓰고 병원에 입원하게 된 것이었다. 아버지를 누구보다 사랑하던 친구의 눈에서는 눈물이 마를 날이 없었다. 그러면서 엄마에 대해 분통을 터트렸다. 그녀의 엄마는 아버지의 병시중 일체를 간병인에게 맡기고 그녀는 마치 병문안 온 손님처럼 머무른다는 것이다. 거기다가 한술 더 떠서 그녀의 엄마는 공주처럼 앉아서 수발드는 간병인에게 잔소리까지 했단다. 좀 더 깨끗하게 닦아라… 거기는 만지지 말라는 둥….

친구는 그런 어머니를 향해 아버지가 정신이 멀쩡한데 엄마가 대소변 수발을 해달라 종용하면 엄마는 손사래를 치며 자신은 절대로 못 한다고 한단다. 그러나 친구는 아버지가 평소에도 유독 깔끔하고 자신의 추한 모습을 남에게 보이고 싶어 하지 않는 성품이었다는 것을 알고 있었다. 물론, 엄마도 귀하게 자란 딸이라는 것을 알지만, 평생 아버지 덕에 돈 구애받지 않고 명품 사고, 친구 만나고, 여행 다니며 남보란 듯이 살았으면 죽어가는 남편에 대한 마지막 예의는 해줘야 하는 것이 아니냐며 분통을 터트렸다. 그래서 친구가 아버지 수발을 직접 하려 했지만, 아버지는 딸에게조차 그런 모습을 보이지 않겠다고 거절한다고 했다.

이러한 모습은 초고령화 사회에 진입한 오늘날 우리나라의 현실이다. 무턱대고 길어진 수명을 두고 부부간, 자식 간에 갈등이 심해지고 있다.

의료 복지가 잘 되고 간병인 제도가 급성장하면서 더는 가족이 환자를 돌보지 않아도 되는 세상이 되었다지만 인간 본연의 모습은 상실되고 있는 것은 아닐까? 간병인 제도는 오로지 우리나라에만 있는 제도이다. 물론 개인 부담이기에 가족 간에 분쟁의 원인이 되기도 한다. 물론 사는 것이 바쁜 자식에게 입원한 부모의 간호 간병을 맡길 수는 없지만, 노년에 접어든 부부는 생각해 볼 부분이다.

죽어가는 모습을 보여주고 싶지 않은 인간의 욕구는 바로 인간다운 품위를 지키고 싶기 때문이다. 생전 자신의 멋진 모습을 남은 가족에게 남기고 싶어 하는 것이 바로 인간다운 것이리라. 코끼리는 절대로 죽어가는 모습을 드러내지 않고 스스로 죽어야 할 곳으로 간다고 한다. 하물며 만물의 영장인 인간이 제 죽음에 대한 준비가 전혀 없이 오로지 타인의 손길에 몸을 맡기고 생을 마감하는 시대에 인간의 존엄성은 전혀 기대하기 어려운 것은 아닐까?

그러나 하나님의 형상을 닮은 인간을 만드셨을 때 따로 대비해 둔 것 하나가 있지 않았을까 생각된다. 하나님은 아담(Adam)이 홀로 외로워하는 것이 안쓰러워 그를 돕는 배필로 여자[Eve]를 만들어 주었고, 서로 부부 한몸이 되어 살라고 명령하셨다. 그리고 흙으로 만들어진 남자의 갈비뼈로 만들어진 여자가 남자보다 평균적으로 십여 년 더 오래 살도록 하셨다. 이는 아마도 먼저 죽는 남편의 품위를 지켜주라고 하신 것은 아니었을까? 인간에게 가장 잔혹한 고문은 발가벗겨져서 맞는 것이라고 했다. 그런데 부부는 유일하게 발가벗고 만난 사이다. 그래도 부끄럽지 않으니 이를 두고 신비한 관계라고 하는 것이다.

가령, 영부인이었던 이희호 여사가 남편인 김대중 전 대통령의 대소변을 직접 치우는 모습에 모든 의료인은 그녀에 대한 존경의 마음을 금치 못하는 이유를 들 수 있다. 그리고 아내에게 저런 대접을 받는 김대중 전 대통령은 처복이 많다는 찬사가 이어지니, 죽어가는 김대중은 얼마나 평안했을까?

세상 아무리 큰 권세와 영광을 누리며 살았다지만 그저 의식이 없는 상태에서 수년 동안 차가운 침대에 누워 주변에는 온갖 의료기계에 둘러싸여 홀로 외로이 죽어가는 사람은 결코 자신에 대한 소망을 가질 수 없다. 그래서 한 몸으로 노년까지 산 부부가 마지막을 지켜주는 것이 진정 인간다운 것은 아닐까? 더구나 할 수 있는 여건이 되는데 하지 않는 죄는 더 크겠건만… 평생을 함께한 동지 같은 남편을 위해 그 잠깐의 수고도 못 하겠다니….

성형한 얼굴에 예쁜 손톱 자랑하며 앉아 있는 엄마가 너무 미웠다는 그 친구는 이후로 지옥에서 사는 것 같다고 했다. 친구의 아버지는 어느 날 밤, 간병인이 잠깐 방을 비운 사이에 숨을 거두셨다고 했다. 친구는 가족을 위해 참으로 열심히 산 아버지가 그렇게 홀로 떠나신 것이 너무 마음이 아프다고 한다. 이후로 아버지 영혼이 슬픈 얼굴로 떠도는 것 같다고 했다.

22
동행

삼성의료원 내과 중환자실의 수간호사로 근무했을 때 일이다. 중환자실 특성상 죽음을 직면하는 환자의 가족 사이의 관계를 많이 보게 된다. 인간이 죽음을 앞둘 때, 가족과 함께할 때, 가장 안정된 마음으로 죽음을 받아들일 수 있다고 한다. 하지만 집에서 가족에 둘러싸여 죽던 과거와는 달리, 오늘날의 풍경 대부분은 병원이나 요양원에서 홀로 외롭게 죽어가는 것이 되었다. 그러나, 그런 상황에서도 남편을 아름답게 보낸한 할머니는 나에게 있어 오래도록 기억에 남는다.

때는 1995년, 삼성의료원이 개원한 직후였다. 기업의 이름으로 강남에 초대형 병원을 설립되자, 우려와 기대가 교차하는 시기였다. 당시 삼성의료원은 기존 병원에 관행처럼 이어진 촌지 없고 차별 없는 병원 이념을 내세웠었다. 그런 상황에서 VIP급 환자가 중환자실로 이송되었다. 그는 80세 노인으로 당시 병원 실세의 장인이었다.

그런데 그 환자의 70대 후반의 아내와 딸은 병원으로부터 특별 대접을 받길 원했다. 면회가 엄격하게 제한된 중환자실 규칙을 어기고 자신들이 원하는 시간에 면회시켜 달라고 하는 것이었다. 나는 관리자로서 규칙을 앞세워 정중히 거절했지만, 그들은 막무가내였다. 급기야 병원에서 막강한 권력을 가진 실세인 사위도 전화를 걸어 압박해 왔다. 사실 80세가 넘은 노인의 생사를 앞둔 위급한 상황에 무조건 거절하기도 어려웠다.

결국, 고민 끝에 다른 환자 보호자의 눈에 띄지 않는 시각인 새벽 6시에 오면 '특별 면회'를 시켜주겠다고 하고, 다른 간호사들에게도 양해를 구했다. 여기서 중간관리자란 때론 원칙과 융통성에서 상생의 길을 찾는 것도 역할 중 하나이다. 일반 간호사는 원칙을 고수해야 하는 것은 당연하지만, 관리자가 되면 특별난 사정도 고려하고, 아랫사람들의 동의도 합리적인 선에서 구해야 하기 때문이다.

이런 과정을 거쳐 특별면회가 허락됐다. 하지만, 나는 모녀가 분명 내가 제시한 면회시간을 끝까지 지키지 못할 것으로 생각했다. 80세를 앞둔 노인이 새벽 6시라는 면회시간을 지키기 어렵다는 나의 계산된 생각이었다. 그런데 환자의 아내와 딸은 하루도 거르지 않고 새벽 6시면 어김없이 나타나 면회하려고 중환자실로 들어온다는 것이었다. 그리고 담당 간호사의 언급에 따르면 의식도 분명치 않은 환자 곁에서 끊임없이 말한다고 했다. 그러다가 내가 출근하는 오전 8시쯤에 면회를 마치고 나간다는 것이었다. 그래서 나는 모녀를 직접 마주친 적이 없다.

그런데 그 환자를 담당한 간호사들은 두 모녀의 모습이 어처구니가 없다고 했다. 꼭두새벽부터 면회를 오는데 진한 화장을 하고 명품 옷을 걸치고 면회를 한다는 것이었다. 간호사들은 아픈 환자를 생각하면 저런 치장이 가당키나 하겠느냐는 말에 나도 그 모녀의 진정성에 의심이 갔다. 그러나 그들의 면회는 하루도 거르지 않고 이어졌고 결국 환자는 아내와 딸을 바라보며 눈을 감았다. 나는 그때 특별 면회를 허락한 것을 다행으로 생각했다. 생각보다 임종이 빨랐기 때문이었다.

그리고 그로부터 두 달이 지난 어느 날, 나는 그 환자의 부인으로부터 전화를 받았다. 노인은 정중하게 나를 개별적으로 만나고 싶다고 했다. 남편의 장례를 치르고 몸이 아팠는데 현재는 몸이 어느 정도 회복되었다고 했다. 그러면서 특별 면회를 시켜준 것에 대한 감사의 표시로 성의 표시를 하고 싶어 했다. 하지만, 당시 내가 근무하던 병원은 '촌지 없는 병원'을 표방하고 있어 정중히 거절했다. 하지만 노부인은 그저 밥 한 끼 대접일 뿐이라 하니 차마 거절할 수 없는 제의였다. 그래서 노인이 알려준 음식점으로 나갔다. 음식점에서 나를 기다리던 모녀는 나를 반갑게 맞아 주었다. 하지만 그들은 병원에서 보던 모습과 달리 아주 수수한 모습이었다.

노인은 음식을 나누며 남편과의 행복했던 삶을 말해 주었다. 그러면서 다음과 같은 말을 했다.

"수간호사님이 병원의 규칙을 어기면서까지 내가 남편과 마지막을 함께할 수 있게 자리를 마련해주어 감사합니다. 평생 남편에게 빚을 지고 살았는데 그런 남편을 위해 내가 무언가를 할 수 있어 행복했습니다. 그 한 달 동안 오로지 새벽에 남편을 만나러 간다는 설렘으로 살았습니다. 남편은 내가 아주 화려한 옷을 입고 곱게 치장하는 것을 아주 좋아했어요. 그래서 저녁에 잠들기 진에 아침에 남편에게 어떤 모습으로 갈지 고민하고 남편은 내 모습을 보고 얼마나 좋아할지 설레기까지 했어요. 남편을 처음 만났을 때 설렘 같았어요. 내 생애 가장 행복한 순간이었던 것 같았어요. 우리 영감도 아주 행복한 모습으로 돌아가셨어요. 그때 내가 함께 있어서 나도 행복했어요. 모두 수간호사님 덕분이어요. 감사합니다."

그때 나는 그저 드러나는 겉모습만 보며 판단했던 내 생각이 참으로 어리석었다고 생각했다. 그리고 문득 오래전에 읽었던 글이 생각났다. 월남전에 있었던 실화다.

전황(戰況)이 불리하게 되자 후퇴를 하던 중 한 병사가 총에 맞아 쓰러졌다. 나머지 부대원은 안전지대로 대피하게 되었는데 함께 대피해 있던 한 병사가 총에 맞은 병사가 자기 친구라면서 데리러 가겠다고 나섰다. 그러나 부대장이 망원경으로 보고는 이미 숨을 거둔 것 같다고 만류했다. 하지만 병사는 그 말을 따르지 않고 포탄이 비 오듯 떨어지는 그곳을 향해 달려가 총상을 입은 친구를 둘러업고 돌아왔다. 하지만 그가 업고 온 친구는 이미 숨을 거둔 뒤였다. 그러자 부대장은 목숨을 담보로 쓸데없는 짓을 했다고 말하자, 그 병사는 부대장에게 다음의 이야기를 전했다. 이미 친구는 죽었지만 숨을 거두기 직전, 친구의 등에 업힌 채 한 마지막 말을 말이다.

"친구야, 나는 네가 나를 구하러 올 줄 알았어. 이렇게 반드시 다시 볼 줄 알았어. 정말 고맙다. 나는 이제 죽어도 여한이 없어. 나는 너 같은 친구를 두어 너무 행복하다."

죽어가는 자도 홀로 떠나는 것이 가장 두렵다고 한다. 그래서 죽는 영혼을 지켜주면 복을 받는다고 했건만. 문명의 이기로 평생에 사랑했던 가족을 홀로 죽게 하는 것은 아닐지….

유독 한국의 교인 중에 특히 여성도가 교회봉사를 명분으로 집을 떠나 노숙자를 위한 밥을 해주고, 병원이나 교도소 등을 방문하여 예수를 전도한다 하고, 노상에서 전도하며 천국으로 가는 길을 부르짖지만 결국, 내가 사랑하는 한 사람의 영혼만 구원해도 천국의 길이 열린다. 나로 인해, 구원받은 영혼이 내가 죽을 때 다가와 길을 인도한다고 한다. 남에게 보이기 위한 불특정 다수를 위한 선행보다는 단 한 사람의 영혼을 구하는 것이 필요하겠건만….

자기 영혼을 가지고 악마와 거래했던 파우스트도 오로지 그만을 사랑했던 헬레네로부터 영혼을 구원받았다. 하나님도 극소수의 남은 자가 세상을 바꾼다고 하셨다. 남이 알아주는 큰일 한다고 떠들고 돌아다니기보다는 오로지 내가 사랑하는 단 한 사람을 위해 인내하며 사는 것이 진정 하나님의 기뻐하시는 일이라고 하시건만….

23
사랑받았느냐?

「당신은 사랑받기 위해 태어난 사람」이라는 노래가 있다. 그러나 사랑을 받으려면 '사랑해주는 사람'이 있어야 한다. 인간이 어떤 인생을 살았든 간에, 마지막 욕구는 바로 인간답게 사는 것이다. '인간답다'란 과연 무슨 의미일까? 바로 '사랑의 감정을 품는 것'이리라. 그러나 사랑은 결코 혼자 이룰 수가 없다. 반드시 상대가 있어야 한다. 물론, 사람마다 사랑의 대상이 다를 수 있다. 대부분 먼저 죽는 부모가 자식에 대한 절대 사랑을 품고 있기에 흔히 조상이 도와준다는 말이 있다.

결국, 인간이 다른 생명체와 다른 유일한 것이 바로 영혼까지 관계가 이어진다는 것이다. 다시 말하자면, 세상에서 맺은 인연이 영원까지 간단다. 인간이 죽을 때는 오로지 이 영만 들고 간다고 한다. 문제는 이 영이 악연인지 혹은 축복인지가 관건이다. 세상 떠날 때 오로지 사랑받은 느낌으로 천국으로 진입하게 된단다. 그러나 100세를 산다는 오늘날, 배우자나 자식들이 그런 사랑을 품고 떠나게 할 수 있을까? 요즈음처럼 부부 간에 공개적으로 서로를 향해 인생 망친 주범이라 하고, 기대 품고 공들여 키웠던 자식에게 은공도 모른다는 배신감에 젖어 세상을 떠난다면 결코 천국으로 가지 어려울 것이다. 그래서 솔로몬은 「전도서」에서 말하지 않던가? "100명의 자녀를 두고 오래 살았어도 행복한 마음을 갖고 죽지 못하면 차라리 어머니 태안에서 죽는 게 낫다"라고 하지 않던가?

세상에 모든 것을 다 해 봤다고 큰소리치던 솔로몬이 마지막에 부르짖는 그 한마디, "헛되고, 헛되고, 헛되고, 헛되도다."

그 이유는 단 하나, 솔로몬 그도 사랑받지 못했기 때문이었다. 그는 이스라엘 왕 중에 가장 부강한 왕정 시대를 살고 또한 그의 지혜가 출중하여 역사 이래로 전설 같은 인물로 기록되지만, 그는 감사하기보다 이처럼 헛되다고 소리치며 죽었으니… 그는 천여 명의 여자를 거느리고 살았지만, 그중에 단 한 명도 그를 사랑하는 여자가 없었다. 그래서 그는 말년에 「아가서」에 사모하는 여자를 그려낸다. 아마도 그 여자는 솔로몬의 어떤 유혹에도 넘어가지 않았던 모양이다. 아마도 솔로몬은 영혼까지 사랑하는 여자를 원했지만, 모든 여자가 돈과 권력 혹은 지혜에 반해서 그를 따랐던 것은 아닐지. 누구도 그를 향한 절대 사랑을 준 여자가 없어 그는 결국 천국에 들어가지 못했을 것이다. 이유는 솔로몬 사후 이스라엘은 둘로 쪼개지고 내분과 침략이 끊이지 않고 결국 하나님이 주신 젖과 꿀이 흐르는 나라마저 빼앗기고 2천여 년 동안 유랑 민족으로 살아간다. 솔로몬은 세상에서 하나님으로부터 받은 게 많은 왕이었건만 그저 단 하나의 진솔한 사랑을 찾지 못해 구원받지 못했다.

괴테(Johann Wolfgang von Goethe)의 소설 『파우스트(Faust)』의 주인공 파우스트는 살아생전 세상에 온갖 지식을 섭렵하고 나름 성실하고 열심히 살았지만, 노년에 접어들자 허무감에 빠져들었고, 결국 악마와 거래한다. 새로운 인생을 살게 해주면 행복의 절정에 이르렀을 때, 악마에게 자신의 영혼을 넘겨주기로 한다. 아마도 그는 인생을 산 경험으로 다시 살면 절대 후회하지 않는 삶을 살 거라는 생각을 한 것이다. 파우스트는 악마의 힘으로 다시 청년으로 돌아가 그동안 해보지 못한 환상적인 모험의 삶을 살게 된다. 그는 순수한 여인 그레트헨(Gretchen)과 사랑에 빠진다. 이 과정에서 파우스트는 그레트헨을 혼전 임신까지 시킨다. 그 소식을 들은 그레트헨의 오빠가 파우스트를 죽이려 하다가 오히려 파우스트에게 죽임을 당한다. 그로 인해 그레트헨의 엄마도 죽고 그레트헨은 광기로 자신이 낳은 아들마저 죽이고 감옥에 갇힌다. 그리고 스스로 죽음을 기꺼이 받아들인다. 이때 파우스트는 자신으로 인해 파멸된 것에 대해 괴로워하며 그레트헨을 데리고 도망치려 하지만, 그레트헨은 기쁜 마음으로 자기 죽음을 받아들인다.

순수한 사랑을 하려던 계획이 틀어진 파우스트는 이번에는 신화적인 여인 헬레네(Helene)와 결혼한다. 헬레네는 요즈음 말하는 '스펙'을 갖춘 능력 있는 여자다. 더구나 남편이 있던 여인이지만 파우스트는 기어코 헬레네를 자기 여자로 만들고 자식까지 낳는다. 그리고 낳은 아들이 자유분방하게 살려 하다 죽자, 헬레네도 끝내 사라져버린다.

결국, 두 사랑에 실패한 파우스트는 이제 유토피아를 건설하려 하지만 이마저도 역시 실패하고 만다. 그러는 과정 중에 결국 그것도 헛되다는 것을 깨닫는다. 마침내, 모든 욕망을 실현하지 못하고 좌절과 고통을 겪지만, 비로소 어떤 노력이나 성공으로 구원을 얻는 것이 아니라, 구원을 받는다는 사실을 깨닫는다. 그래서 구원의 은혜를 주시는 하나님을 찬미하는 순간, 영혼을 가져가기로 한 악마 메피스토(Mephisto)가 달려든다. 이때 천사를 대동한 그레트헨이 나타나 파우스트를 구원한다.

파우스트는 결국 자신으로 인해 엄청난 고난을 겪고 죽은 그레트헨으로부터 구원받는다는 역설이다. 이것은 마치 예수가 인간의 죄를 뒤집어쓰고 십자가에서 죽음으로써 인간을 구원하는 논리가 아닐까? 그레트헨는 파우스트에 대한 절대 사랑으로 비록 배신당했지만, 그녀의 사랑을 영혼까지 가지고 가서 마침내 파우스트를 구원했다. 결국, 그레트헨은 자기 사랑을 지키면서 승리한 것이 아닐는지… 항간에는 이를 두고 버림받고 실패한 사랑이라지만, 그레트헨의 절대 사랑과 그로부터 구원받은 파우스트의 영혼이 서로 함께하면서 마침내 승리한 것이라 할 수 있지 않을까?

24
인간에 대한 구원은 사랑을 통해서,
그리고 사랑 안에서 실현된다

전 세계 민족 중에서 한민족과 비슷한 성향을 지닌 민족은 아마도 유대인이 아닐까 생각한다. 2천 년 동안 나라를 빼앗기고 떠돌이 민족으로 살았지만, 마침내 나라를 되찾고 민족성을 고수한 민족이 유대인이다. 하지만 그들은 2차대전 당시, 무려 6백만 명이 강제수용소에서 처참하게 죽어가기도 했다.

유대인인 빅터 프랭클(Viktor Frankl)은 아우슈비츠의 수용소에서 살아남은 정신의학자다. 그는 가족이 모두 죽고 혼자 유일하게 단 10%라는 생존율로 살아남았다. 이처럼 사랑하는 가족은 물론, 가진 것을 모두 잃고, 모든 가치가 파괴되고, 추위와 굶주림, 잔혹함, 시시각각으로 다가오는 몰살의 공포에 떨면서도, 그는 삶이라는 것을 보존해야 할 가치가 있다고 결론을 내린다.

한 치 앞도 보이지 않는 공포 속에서 인간으로 차마 겪기 힘든 모욕과 고통을 겪고 끝내 살아남은 빅터 프랭클의 자서전, 『죽음의 수용소(Man's Search for Meaning)』에서 그는 마지막 남은 희망은 인간답게 죽음을 맞이하고 싶은 욕구가 인간의 내면에 있다는 것을 알렸다. 최악의 상황에서 인간답게 죽으려면 자신을 절대 사랑하는 사람을 떠올리거나, 종교에 의지하거나, 세상에 펼쳐진 자연의 황홀한 풍경에 감동한다고 한다. 그런 감정으로 인해 공포와 불신에 대한 분노의 감정을 승화시킨다고 한다. 비참한 환경에 처한 인간은 오히려 사랑에 대한 갈급함과 아름다움에 감동한다는 것이 참으로 역설적이다. 빅터 프랭클은 수감 직후 자신에게 닥친 현실을 다음과 같이 그대로 써내려갔다.

"일단 수용소에 갇히면 번호가 부여되고 그 사람의 이름도, 직업도, 학력도, 혹은 그동안 살아왔던 그 어떤 배경도 의미가 없다. 가진 것은 모조리 빼앗기고 벌거벗겨진 채로 머리털뿐만 아니라 몸에 난 털도 모조리 깎아야 했다. 그런 다음 샤워를 하기 위해 줄을 섰다. 이제 우리는 벌거벗은 몸뚱이 외에 아무것도 없는 처지가 된 것이다. 심지어는 몸에 난 털마저 깎였으니, 우리에게 남겨진 것은 글자 그대로 벌거벗은 실존뿐이었다. 1,500명이나 되는 사람이 200명 정도밖에 들어갈 수 있는 가축우리 같은 건물에 구겨 넣어졌다. 바닥에 드러눕기는커녕 쭈그리고 앉아 있을 만한 자리조차 없었다. 우리는 추위와 굶주림에 시달렸다. 나흘 동안 우리가 받은 양식이라고는 100g 정도의 빵 한 개가 전부였다. 그동안 삶과 현재를 연결하는 물건 중, 나에게 남은 것은 안경과 벨트가 전부였다. 하지만 그 이후에 벨트마저 빵 한 조각과 바꾸어 먹었다."

이들은 전쟁 포로도 아니다. 그저 일상을 살던 소시민들이 어느 날 갑자기 히틀러라는 한 인간이 나타나 처해진 운명이었다. 빅터 프랭클은 차마 인간으로 겪기 힘든 모욕감에 처하고, 육체적으로는 구타와 배고픔,

그리고 추위에서 벗어날 수 없었지만, 영적인 생활을 심오하게 하는 것은 가능했다고 한다. 영적인 내적 풍요로움만이 가혹한 현실로부터 빠져나올 수 있는 유일한 방법이었다고 했다. 그래서 체력이 약해도 영적인 강인함을 가진 사람은 체력적으로 건강해 보이는 사람보다 수용소 생활을 잘 버텨내는 지극히 역설적인 현상이 나타난다고 한다. 그러면서 그는 다음과 같은 일화를 써내려간다.

"어느 날 아침 일찍, 우리는 작업장을 향해 가고 있었다. 구령에 맞추어 걷다가 민첩하게 행동하지 못하는 사람에게는 가차 없이 발길질이 가해졌다. 춥다고 모자를 귀까지 눌러쓴 사람은 더 심하게 매질을 당했다. 감시병은 고래고래 소리를 지르며 총의 개머리판으로 우리를 위협했다. 얼음처럼 차가운 바람 때문에 입을 열 엄두를 내지 못하는데 누군가가 속삭였다. '마누라가 우리 꼴을 본다면… 그쪽 수용소는 형편이 좀 나아야 하는데. 그쪽이 우리 형편을 몰라야 하는데…' 불현듯 나도 아내 얼굴이 떠올랐다.

눈밭에 허우적거리며, 얼음판에 미끄러지며, 서로를 부축하면서 쓰러진 동료를 세우기도 하면서 허덕대며 가지만 우리는 말이 없다. 그러나 한가지는 분명했다. 우리는 모두 아내를 생각하고 있었다. 가끔 나는 고개를 돌려 하늘을 보았다. 별빛이 사라져 가는 하늘 저편에는 아침 해가 솟아오르고 있었다. 하지만 나의 머릿속은 그리운 얼굴로 꽉 차 있었다. 예전에는 미처 몰랐던 너무나도 또렷한 얼굴이었다. 그런 아내와 나는 대화를 나눈다. 나를 향해 웃고 있는 아내는 용기를 내라고 격려하는 듯 눈빛을 바라본다. 생사를 초월한 아내의 눈빛은 내 머리 위로 떠오르는 태양보다 아름답다.

불현듯 섬광처럼 생각이 스쳐 간다. 그토록 많은 사상가가 자기 삶에서 결론처럼 끌어낸 지혜의 말, 그토록 많은 사람이 노래한 진실, 바로 오로지 사랑을 통해서만 인간이라는 존재가 가장 귀하고 높은 단계로 솟아오를 수 있다는 그곳에서 비로소 깨달았다. 아무것도 가지지 못한 현실이라 할지라도 사랑하는 사람의 모습을 마음속 깊이 간직할 수 있다면 구원의 빛이 찾아든다는 것을 뼈저리게 이해했다."

빅터 프랭클은 아우슈비츠 수용소에서 인간으로서 차마 겪을 수 없는 최악의 상황을 마주치고 '의미법[로고테라피(logotherapy)]'을 만들었다. 로고테라피는 프로이트(Sigmund Freud) 정신 분석(Psychoanalysis)이나 아들러(Alfred Adler)의 심리분석과 다른 제3의 심리치료라고 불린다. 왜 살아야 하는지 아는 사람은 어떤 상황에서도 견딜 수 있다는 것이다. 다시 말하면 인간은 존재에 대한 의미를 지니고 성장해 나간다고 한다. 이런 인간의 존재감은 바로 인간이 다른 동물과 달리 바로 이 영(靈)이 존재하기 때문이다. 영은 시간과 공감의 제약을 받지 않고 생과 사를 연결하는 기능을 지니고 있다. 인간이 존귀에 대한 욕구는 바로 영적인 초월적 사랑을 할 수 있기 때문이라고 한다.

그래서 인간은 이런 최악의 상황에도 이처럼 아름다운 사랑을 가슴에 안고 살아가는 존재라 할 수 있다. 먹고 살기 좋아졌다지만 속고 속이며 막장을 만들어 내는 현대인의 모습을 보면 정말 인간답지 않다는 말이 나오게 된다. 아무리 가진 게 많아도 자신을 사랑하는 그 한 사람이 없는 세상이기에 막사는 것이다. 그런 막장이 대세라고 하지만, 보면서 불편한 마음이 있는 것은 인간의 본성이 아니기 때문이다. 흉내를 내도 효자 흉내를 내라고 했다. 어쩌자고 인간이 저토록 악하고 추하게 자기를 드러내며 세상을 악하게 몰고 가는지….

최악의 상황에도 사랑하는 한 사람, 혹은 사랑받는 한 사람만 있어도 세상은 살 만한 곳이다. 결국, 영혼까지 가는 사랑의 관계가 바로 구원에 이르는 길인데 죽기까지 사랑하는 그런 인간다움을 하나님은 인간의 마음에 심어주셨건만….

25
악귀?

요즈음 세상 사는 것이 고달파서 그런지 점쟁이를 찾는 사람이 급격하게 늘어나고 있단다. 점은 사주명리학(四柱命理學)과 신점(神占)으로 나뉜다. 명리학은 태어난 연·월·일·시로 푸는 일종의 통계 거리지만, 신점은 귀신을 불러 물어보는 것이다. 최근에는 이 신점에 관한 관심이 급증하고 인터넷 영상 플랫폼을 통해 인기를 누리는 점쟁이가 급증하고 있다. 그들이 방울을 흔들며 죽은 귀신을 불러내는데 대부분 부모가 선귀(善鬼)가 되어 돕거나 아니면, 악귀가 되어 괴롭게 한다는 사실이다.

이 나이가 되기 전에는 "세상에 그런 것이 어디 있을까?" 무시했지만, 환갑에 이르고 보니 세상에 떠도는 말이 다 존재한다는 것을 알게 된다. 과학이 발달한 문명 시대에 "그런 게 어디 있어?" 하면서도 으슥한 곳에서 누군가 "귀신이다!" 하면 모두 혼비백산한다. 기독교 영성학자 C. S. 루이스(C. S. Lewis)는 인간은 귀신을 본 적도 없으면서 어딘가에 귀신이 있다는 소리만 들어도 섬뜩한 두려움을 느낀다고 한다. 흔히 사나운 짐승에게 느끼는 공포보다는 전혀 다른 온몸에 소름이 돋고 머리카락이 쭈뼛 선다는 느낌이다.

이는 분명 눈에 보이지는 않지만 느낌으로 반응하는 것은 바로 인간이 영(靈)의 실체를 느끼기 때문이다. 그래서 인간은 영적인 존재로 눈에 보이지 않는 초자연 세계를 감지하는 능력을 갖추고 있다 한다. 물론 이것에 민감한 사람이 있고, 둔감한 사람이 있다. 심리학자 카를 융은 인간의 무의식에 깊이 숨겨져 있어서 이것은 지식처럼 개발하는 것이 아니라, 이미 있는 것을 찾아내는 것이라고 했다. 그리고 이 영의 본질을 찾아야 인간 본질을 찾을 수 있고, 진정 나를 찾는 것이라고 한다. 카를 융은 이런 인생의 여정이 바로 내 안의 나를 찾는 것이라고 한다.

결국, 인간이 영생을 꿈꾸는 이유는 바로 이 영의 상태로 존재했기 때문이다. 다시 말하자면, 인간이 영적인 상태로 있다가 세상에 태어날 때 육체를 덧입는 것이다. 그리고 세상을 떠날 때 육체는 두고 이 영만 가지고 간다고 한다. 그래서 죽음을 두고 "돌아간다"라는 표현을 쓰는 이유다. 그런데 이 영이 본래 왔던 곳으로 돌아가야 하는데 돌아가지 못하기도 한단다. 이유는 그동안 살아왔던 세상에서 품었던 감정이나 애착으로 인해 돌아갈 곳으로 돌아가지 못한다는 것이다. 그러면 떠돌이 영이 되어 살아 있는 사람에게 영향을 미친다고 한다. 세상에 미련이 남았다면 분명 사람을 돕는 선귀(善鬼)가 아니라, 사람을 괴롭게 하는 악귀(惡鬼)가 아닐지….

선귀든 악귀든 세상에 미련이 남았다는 것은 세상 자체보다 세상에서 관계를 맺었던 사람에게 감정이 남아있다는 것이리라. 흔히 세상에서 가지고 있다는 생각은 이성적인 판단을 하기에 관계를 알고 감정 조절을 할 수 있다고 한다. 예를 들어, 자식이 부모를 섭섭하게 하여 미운 감정이 들더라도 "내 자식이니까" 하면서 분노의 수위를 조절하지만, 영혼은 그런 관계에 대한 생각은 없고 오로지 감정만 존재한다고 한다. 다시 말하자면, 분노한 감정이나 혹은 사랑하는 감정뿐이란다.

옛날 옛적에 나라가 가난했을 때, 부모는 오로지 자식을 향한 사랑하는 마음뿐이었다. 부모가 부족하여 자식에게 제대로 해 준 것도 없다는 생각에서 죽어서도 자식 사랑이 전부였다. 그런 감정으로 죽었기에 조상의 덕을 본다고 말하는 것이리라. 하지만, 최근에 부모와 자식 간의 관계가 걱정스럽다. 자칫, 부모가 자식에게 분노하거나 섭섭한 감정을 가지고 죽으면 자식을 괴롭게 하는 악귀가 되는 것이 아닐까?

제법 재산이 많은 지인이 중년에 이혼하고 재혼해서 살다가 70살이라는 나이에 병에 걸려 죽게 되었다. 그런데 두 집 살림으로 배다른 자식들 간의 재산 싸움이 난 것이다. 죽음을 앞둔 아버지는 그런 현실에 괴로움을 털어놓았다. 인생 헛살았다며. 그런데 전처소생의 큰아들이 아버지가 죽기 며칠 전에 자신의 상속분을 주장하며 아버지에게 종 주목을 들이대더라는 것이었다.

결국, 지인은 복잡한 가정사를 뒤로하고 죽고 말았다. 장례식에 가니 장남이 조문객을 맞이하고 있었다. 다음은 문상을 마친 지인들이 모여 앉은 자리에서 고인의 마지막을 지켜본 고인의 절친이 했던 말이다. 그가 숨을 거두기 직전, 죽어가는 얼굴에 분노를 품고 이렇게 말했다고 한다.

"아들이 아니라 원수야. 죽어도 용서 못 할 놈이야…."

그래서 내게 다가오는 귀신은 내가 전혀 모르는 영의 실체가 아니라, 살아생전 가장 가까운 관계를 맺었던 사람의 영이 아닐까 생각한다. 아버지의 장례를 주관하는 장남은 부자간의 벌어진 둘만의 비밀이라고 생각하며 슬픈 표정을 짓지만, 세상에는 비밀이 없건만….

최근에 모 유명 연예인 사이에서 벌어지는 가족 간의 분쟁이 점입가경이다. 돈을 잘 버는 연예인 아들의 돈을 가족이 도용했다는 이유로 법정 다툼을 벌인다고 연일 기사화되고 있다. 세상에서 제일 재미있는 구경거리가 불구경이라고 하더니…. 대중들은 그런 가족 치열한 불구경을 보며 갑론을박한다. 대부분 동생이 번 돈을 써버린 형을 향해 악성 댓글을 단다. 그런데 부모는 남들이 보기에 착하고 돈을 열심히 벌어 가족을 먹여 살리는 작은아들보다는 큰아들 편에 서 있다.

이런 연예인 가족 간의 분쟁으로 온 나라가 시끄러울 정도다. 특히 인터넷 영상 플랫폼 같은 매체로도 이런 이야기가 실시간으로 중계되고 있지만, 그런 악성 댓글에도 노모는 전혀 굴하지 않는다. 나름 그동안 돈을 벌어 노모에게 효도를 했다고 생각하는 작은아들은 엄마가 내심 자신을 지지할 줄 알았지만, 그 어머니는 재판에 삭발까지 하고 등장하여 작은 아들의 비리를 적나라하게 폭로하니 이는 누가 봐도 원수지간이다. 만일, 이런 마음으로 엄마가 먼저 죽는다면 산 자식에게 두려운 존재로 남지 않을까?

그래서 『성경』에는 "부모에게 효도하라"라는 다섯 번째 계명이 있다. 아마도 이것은 부모가 자식보다 먼저 죽기 때문일 것이다. 자식보다 부모가 먼저 죽기에 영적인 존재로 자식에게 영향력을 발휘하는데 이는 축복이냐 혹은 저주냐로 갈리기에….

인간은 관계에서 시작하여 관계로 끝난다. 인간은 한가지 감정을 품고 죽는다고 하는데, 죽어가는 영혼에는 어떤 감정을 싣고 죽을지… 먹고 살기 좋아진 풍요의 시대를 산다지만 자식을 위해 죽기까지도 사랑하는 부모보다는 죽어서도 용서가 안 되는 자식이 많아지는 모양이다.

4 부

위기를 감지하는 여자의 능력

하나님은 박쥐에게 3천 kHz를 듣는 예민한 귀를 주셨다.

개에게는 1억 2천 500만 후각세포의 민감한 코를 주셨다.

치타에게 시속 110여 km의 단거리 주행 능력을 주셨다.

상어에게 1천 km 바닷속 깊은 곳에서도 숨 쉴 수 있는 호흡기를 주셨다.

나비에게… 도롱뇽에게…

이렇게 모두 다 나누어주시고 여자에게 주실 것이 없자,

본인의 것을 조금 나누어 주셨다.

그것이 영감이다.

- 『25CM』 중에서…

남성과 매우 다른 심리를 가진 여성은

남성이 전혀 볼 줄 모르는 것에 관한 정보원이다.

이런 여성의 영감으로 남자에게 유익한 경고를 할 수 있다.

남성은 여자를 통해서 영감을 얻는다.

그래서 여자는 남성이 창조적인 일을 하게 하는 것이,

바로 여자의 창조적인 역할이다.

- 카를 융의 『자아와 무의식의 관계』에서…

26
위기의 대한민국, 이제 아내가 나설 때인데

공기업에 근무하는 지인이 곧 은퇴를 앞두고 있다. 그는 얼마 전까지만 해도 40여 년 동안 일해 온 직장 생활에서 벗어나 진정으로 자신이 원하는 삶을 살아보겠다는 야심 찬 계획도 세웠다. 그러나 막상 은퇴를 앞두고 짬짬이 집에서 노는 연습을 해보지만, 아내 눈치가 보여 결국 집을 나오고 만다고 한다. 아내도 노골적으로 남편 세끼 밥을 다 해주기는 어렵다고 하니 은퇴한 동료들과 오피스텔을 얻어 각자의 책상에 컴퓨터를 들여놓고 시간을 보내면 어떨까 하는 궁리까지 했다고 한다. 그러면서 밤잠을 설치기까지 하니, 아무래도 우울증인 것 같다며 정신과 진료를 받는다고 한다.

그래서 내가 지인의 아내에게 남편이 40여 년 동안 돈을 벌어 가족을 먹여 살렸으니, 남편을 당분간 집에서 쉬게 하면 어떻겠냐고 하자, 아내는 죽어도 못하겠다며 펄쩍 뛴다. 그래서 아내에게 다시 말했다.

"교회에서 독거노인 봉사도 한다는데 그런 마음으로 남편 곁에서 세끼 해주면 어떨까요?"

그러자 아내는 다음과 같이 대답했다.

"독거노인은 고맙다는 말이나 하죠. 남편은 분명 나를 가정부 취급을 할 겁니다. 40년 세월 동안 해온 그 노릇, 이제 지긋지긋해서 손 털고 친구들과 놀러 다닐 겁니다, 정 싫으면 갈라설 거예요. 요즈음 황혼 이혼이나 졸혼이 대세 아닙니까? "

물론 아내가 틀렸다고 할 수도 없는 상황이다. 각자의 인생이지만 그저 여자인 아내가 좀 더 넓은 마음으로 품었으면 하는 바람이었는데 쉽지 않았다. 하지만 오늘날 나라 경제 상황이 안 좋다. 그동안 대한민국 경제 주체였던 베이비붐 세대의 은퇴가 시작됐기 때문이다. 무려 8백만이 은퇴를 하는데 이는 경제하강을 부추기는 지표가 될 거라고 한다.

한편, 일본은 1995년을 전후하여 베이비붐 세대가 은퇴를 시작했다. 무려 1,200만의 은퇴자가 쏟아져 나오며 경기가 하강하기 시작했다. 출산율도 떨어지지만, 경제력이 있던 세대의 실업 상태가 곧 경기 하강을 부추기는 것이었다.

이때 일본 여자들은 기다렸다는 듯이 연금을 나누고 황혼 이혼을 시작했다고 한다. 그래서 대한민국 남자들도 그런 일을 당할지 모르니 은퇴를 앞선 남자들을 향해 아내에게 잘하라고 충고하지만, 나는 오히려 아내에게 그런 남편 곁에서 세끼 밥해주며 삼 년만 살아보라고 한다. 그러면 남자는 분명 새 힘을 얻고 할 수 있는 일을 찾을 것이라고….

사실 일본 아내와 대한민국 아내는 근본이 다르다. 사무라이 중심의 전통문화인 일본은 전형적인 부계 사회다. 강한 남성성으로 여자를 지배하는 문화다. 그래서 부부로 살다가 남자가 마음에 들지 않으면 여자를 하인처럼 내보냈다. 심지어 장인이 시집을 간 딸이라도 사위가 마음에 들지 않으면 사위 사이에서 낳은 자식도 두고 다른 남자에게 시집을 보내기도 했단다. 전통적으로 일본 여자들은 인격이 아니라 물건 취급당해왔다. 그런 전통을 바탕으로 현재까지 대부분의 일본 여자는 남편의 재력과 관계없이 일당을 받는 하인처럼 사는 경우가 많다고 한다. 일본 여자들이 경제활동을 많이 하는 이유도 남편이 여유 있게 돈을 주지 않기 때문이란다. 이처럼 아내라는 인격적인 대접을 받지 못했으니 법적 지분이 인정되는 연금을 나누어 받을 때까지 기다렸다가 서둘러 이혼한다고 한다.

그러나 우리나라는 전통적으로 여자로 이어지는 모계 사회다. 전통 가옥에서도 아내가 집안 가장 안쪽에 있는 안방을 차지하고 곳간 열쇠를 쥐고 경제권을 행사했다. 남편은 사랑채에 있으며 들고나기 쉬운 손님처럼 살아왔다. 남편은 표현 그대로 집을 나가면 남의 편이라고 할 만큼, 한국 남자에게 여자가 생기면 남편은 부모 자식도 버리고 집을 떠나버리지만, 아내는 남아서 식솔을 관리하며 사는 것을 당연한 듯이 받아들였다. 그런 전통이 생겼다는 것이 바로 민족성이다. 누가 가르쳐 주지 않았는데 그런 문화가 자연스럽게 형성된 것은 유전자가 그렇기 때문이다.

문제는 전통이 다른 일본이 위기에서 가정이 해체되는 현상을 우리나라에서 일반화하지 말라는 것이다. 우리 민족의 경우 위기에 처했을 때 여자가 가정을 지켜낸다. 강한 여성성으로 약해진 남편을 품고 어린 자식들을 키워나간다. 어떤 이유든 간에 남편이 집을 떠났을 때 가정을 지키며 살아내는 전통을 오천 년간 이어온 것이다.

일본은 수 세기 내에, 지구 상에서 사라진다는 예언이 끊이지 않고 있다. 지리적인 문제도 있지만, 영적으로 구원되지 않는 민족이기 때문이다. 일본은 기독교의 전파가 우리나라보다 먼저 시작되었음에도 기독교도 비율은 현재까지 1%를 넘지 못하고 있다. 그래서 역사 이래로 수많은 나라가 생기고 한때 부강했지만, 흔적도 없이 소멸하는 나라처럼 되고 말 것이다.

한편, 단기간에 세계 경제 10위권에 오른 대한민국에도 위기가 찾아올 거라는 예상이 있다. 제2차 대전 이후로 나라마다 현대화 과정을 거치며 부흥하다가 유럽은 1980년대에, 미국은 1990년대에 경제위기를 한 차례씩 겪었다. 일본도 1990년대 중반부터 혹독한 경계 위기를 겪고 있다. 우리나라의 위기는 이제 시작이란다. 그러나 전통적으로 이런 위기에서 대한민국 여자는 일본 여자처럼 자기 인생을 찾겠다며 분리하기보다는 가족을 끌어안는 선택을 해 왔다.

코로나 이후로 구조조정은 더 심화하여 가장의 은퇴는 빨라지고, 급변하는 세상에 제 역할을 찾지 못해 방황하는 자식들, 예상보다 오래 사는 부모들, 여자가 감당해야 할 짐이 눈덩이처럼 불어나고 있다. 그러나 대한민국 오천 년 역사를 되돌아보면 위기가 아닌 적이 한 번도 없었다. 이번 위기에도 아내이자 어머니인 여자가 가족을 살리는 선택을 해야 할 때가 아닐지.

특히, 할머니라는 나이에 이르러서도 밖으로 돌며 집을 나와 함께 놀자고 유혹하는 사람들의 소리에 귀를 기울이지 말고, 가족을 지키라는 하나님의 말을 들으면 동행해 주신다고 하신다. 그것만이 위기에서 살길이라고 하시면서….

27
가정을 회복하는 것만이 살길이다

고통은 예견되었을 때가 실제로 느끼는 고통보다 더 아프게 느껴진다. 흔히 줄을 지어 매를 맞고 있을 때 앞줄에서 맞는 소리만 들어도 고통이 가중되어, 어떤 사람들은 맞기도 전에 쓰러지기도 한단다. 영국 사회학자인 앤터니 기든스(Anthony Giddens)는 현대인의 특징 중 하나로 간접 경험이 직접 경험보다 우위에 둔다는 점을 꼽았다. 그래서 결혼도 하기 전에 권태부터 느끼고 이혼을 대비한단다. 매스컴은 물론, 최근 들어 그 수가 급증하는 인터넷 영상 플랫폼이나 SNS를 통해 자기 경험을 세력화하고 있다. 결국, 특별히 자기 견해가 확립되지 않은 대부분의 현대인은 남이 들려주는 우세한 간접 경험으로 인해 삶의 희망보다는 절망부터 배우고 비관에 젖는다.

한국은 이제 60년 만에 찾아오는 위기에 봉착하고 있다. 단순 경제위기가 아닌 모든 면에서 총체적 난국이 예상된다. 정치권에서는 정책으로 승부를 걸겠다지만, 이 위기를 넘기는 방법은 오로지 역할 회복이 선행되어야 한다. 특히, 베이비붐 세대의 여자 역할이 그 어느 때보다 절실하게 요구된다. 그동안 경제 주역이었던 남편들이 은퇴를 시작했기 때문이다. 지금은 시시비비를 따지지 말고 은퇴한 남편을 품고 약해진 아들에게 용기를 주면서 가정을 지키는 전통적인 역할을 부활시켜야 할 때다. 물론, 세상이 변했다고 그렇게는 못 살겠다는 여자도 있지만, 하나님은 대한민국 여자의 마음 깊은 곳에 위기에 대처할 수 있는 강한 영적 능력을 심어 놓으셨다. 그러니 하나님의 영감을 받은 여자들은 위기가 왔다는 사실을 먼저 인지하고 의연히 나서 가정을 지켜야 한다.

한편, 베이비붐 세대 여성들도 남자 못지않게 열심히 살았다. 특히, 역사 이래로 받아온 차별과 굴욕의 역사에 반기를 들고 엄청난 변화를 일으켰다. 1970년대에는 여자 대학을 제외하고는 대부분의 남성 위주의 대학의 건물에는 여자 화장실이 따로 없을 정도였다. 그런 최악의 환경에도 굴하지 않고 엉덩이를 들이밀고 들어가 불과 40년 만에 여성들은 남성의 영역을 휩쓸었다. 현재 전문직의 절반이 여성들로 채워졌고, 국가고시 합격률은 오히려 남성보다 여성이 높게 나오고 있다. 업무 면에서도 남성보다 여성이 우세하다는 평가를 받고 있다. 이처럼 근래의 여성들은 남녀 차별이 고착된 사회 전통을 변화시킨 '커리어우먼'으로서 성공하기도 했지만, 가정주부로 살아온 여성들도 그만한 역할을 해내기도 했다. 전통적인 유교문화에 적응하면서 가정일에 무심한, 손님 같은 남편을 보필하면서 자식 교육에도 전념했다. 절대로 없어서 못 시킨다는 소리가 듣기 싫어 분수에 맞지 않는 고액 과외는 물론, 해외유학까지 보냈다. 거기다가 귀동냥으로 부동산 투자까지 해서 재산도 불렸건만….

이처럼 누구 못지않게 열심히 살았는데, 생각보다 남편의 은퇴는 빨라지고 자식들은 투자한 것에 비해 그 결실은 적다. 그렇게 살면 노년에는 그동안 못해 본 것을 하고 싶었는데… 은퇴한 남편과 나약해진 아들을 위해, 다시 아내이자 엄마인 여자가 허리띠를 졸라매라니… 그저 도망가고 싶은 마음은 당연하다. 또, 세상은 여성들에게 더는 가정에 얽매이지 말고 자기 인생을 살라고 하고… 그러나 어쩌겠나? 세상이 아무리 크다고 한들 내 손톱 밑에 상처가 가장 아플 뿐인데.

독일의 작가 알폰소 슈바이거르트(Alfons Schweiggert)는 "좋은 책이란 우리에게 무엇을 주는 것이 아니라 우리가 확신하는 것을 빼앗아 가는 것"이라고 했다. 다시 말해, 전혀 새로운 세계로 인도하며 그 생각을 바꾸는 것이라고 했다. 그런데, 현대에는 저마다 능력개발, 자기 성취를 얻는 것이 대세이자, 전통적인 여자의 역할을 벗어나는 것이 시대적 요구라며 온갖 매체를 통해 폭포수처럼 쏟아지고 있다. 그러니 대부분 여자는 그렇게 살지 못하면 무능하다는 편견의 시선과 함께 남은 생은 그렇게 살아야 한다는 욕구가 혼재하며 영혼마저 빠져나간 것만 같다.

하지만, 악(惡)이란 준비된 자가 덜 준비된 자를 정복하는 것이고, 덜 중요한 것이 더 중요한 것을 정복하고, 비본질이 본질을 덮는 것이라고 했다. 악은 세력을 형성하기 위해 사람들을 끌어들이는 파급력이 있다. 다시 말하자면, 노년에 이르러서까지 남의 소리를 듣지 말라는 것이다. 가수 민해경이 부른 노래에서 "내 인생은 나의 것"이라고 하지 않던가? 인간이 환갑을 넘기면 세상 이치를 다 알게 된다고 한다. 그래서 신이 인간을 더는 살려두려 하지 않는다고 하지 않던가? 바로 환갑에 다다른 인간이 신의 경지에 이르렀으니, 더는 '사람의 소리'를 들을 필요가 없다는 이유일 것이다. 평생을 남의 소리에 휘둘리며 살았는데 죽음이 가까운 노년의 자리에서도 남의 소리에 인생을 맡긴다니….

인간, 도긴개긴이다. 이 거대한 세계에서 먼지만도 못한 인간끼리 서로 제가 옳다고 내 말을 들으라는 것이 어불성설이다. 이미 인간에게는 스스로 깨달을 수 있는 지혜도 있고 분별력도 있다. 카를 융도 자서전에서 이렇게 말한다.

"나의 존재 의미는 인생이 나에게 물음을 가지고 있다는 데 있다. 다시 말하자면, 나 자신이 세계를 향해 던지는 하나의 물음이며 나는 거기에 대한 나의 대답을 제시해야 한다. 그렇지 않으면 나는 단지 세계가 주는 대답에 의지할 뿐이다. 죽으면 내가 한 일을 들고 가야 하는데 빈손으로 갈까 두렵다."

이는 죽어서 심판대에 서면 하나님은 나만의 이야기를 듣고 판단하신다는 말이다. 그런 반면, 예수님은 좁은 길로 가라고 한다. 멸망으로 가는 문은 넓고 그 길은 쉬워, 많은 사람이 그곳으로 들어간다. 그러나 생명으로 가는 문은 작고, 그 길이 매우 좁아 그곳을 찾는 사람 또한 적다. 온통 개인주의 삶의 방식을 추구하며 살라는 외침뿐이다. 하지만, 그런 소리에 귀를 닫고 가족을 위해 살아보는 삶을 택하는 좁은 길을 택하는 여자의 용기가 필요할 때가 아닐지….

28
그 한 사람이 없는 세상

고대 국가 중에 환락의 도시 소돔(Sodom)과 고모라(Gomorrah)의 성은 단 10명의 의인이 없어 불의 심판을 받았다. 인류 역사를 보면 심판은 고난기가 아니라 호황기에 오는 것 같다. 서기 79년 8월 24일, 로마에서 가장 번성했던 도시 폼페이(Pompeii)는 베수비오(Vesuvio) 화산이 폭발하면서 한순간에 잿더미로 뒤덮여 사라져 버렸다. 현재도 당시의 처참했던 정황이 고스란히 보존된 모습을 보기 위해 전 세계 관광객들이 몰려든다.

2차 대전 이후로 과학의 급격한 발달과 함께 의학의 발달로 인간의 무병장수를 호헌하며 죽지 않는 영생의 비밀까지 풀겠다고 한껏 고무된 순간, 바이러스 공격이 시작되었다. 정체불명의 코로나바이러스로 전 세계는 3년이라는 긴 시간을 죽음의 공포에서 살아왔다.

인류 역사를 보면, 예측 불허의 심판이 올 때는 고난기가 아니라 호황기였을 때가 많았다. 이유는 인간이 풍요의 시대를 살게 되면 인간으로 살아가야 할 원칙도, 지켜야 할 진리도 사라져버리기 때문이다. 오로지 인간의 능력을 앞세우는 물질주의가 만연해지고, 업적만으로 인간을 평가하면서 인간관계가 파괴되고 그 결과 인간성은 제멋대로 되면서 극도로 악해진다. 그 결과, 인간과 인간이 대립하며 전쟁이 발발하고, 이어서 자연파괴 현상이 가속화되면서 인간이 자랑하던 문명이 한순간에 소멸하는 현상을 반복하게 된다.

대한민국의 성장 발전의 속도는 세계의 그 유례가 없을 만큼 가파르게 성장했다고 한다. 또한, 단군 이래 최대 호황기를 누린다고 한다. 불과 60년 만에 300배의 성장을 했다고 하지 않는가? 그러나 너무 빨리 와서 자칫 길을 잃은 것은 아닐지 자못 염려된다. 말은 힘껏 달리다가 도중에 반드시 쉰다고 한다. 이유는 너무 빨리 달려서 빠져나간 영혼을 다시 담기 위해서란다. 정말 대한민국도 영혼이 송두리째 빠져나갈 만큼 참으로 숨 가쁘게 달려왔다. 그래서인지 눈에 온통 보이는 육체나 물질 혹은 권력에만 집중한다. 보편타당한 상식이 통하지 않고, 양심에 입각한 윤리나 도덕은 사라지면서 가치관의 혼란으로 갈등의 연속이다.

요즈음 대한민국의 시청자를 사로잡는 대세 드라마의 코드가 바로 '막장'이라고 한다. '막장' 코드의 주요 특징 중 하나는 기존 캐릭터가 가진 인간관계를 파괴하는 것이다. 상대를 전혀 의식하지 않고 자기주장만 하면서 일단 자신이 세운 목표를 달성하기 위해 양보는 없다. 여기에 더하여 주변 사람을 이용하면서 그 관계를 파괴한다. 특히, 여자 악역은 가족의 관계를 파국으로 몰아간다. 흔히 막장을 보는 사람들은 심한 스트레스를 느끼지만, 그것에서 중독성을 느낀다고 한다. "어떻게 인간이 저럴 수가 있지?" 하면서도, "도대체 어디까지 갈까?" 하며 궁금해하면서 보게 된다고 한다.

다음은 2천 년 전에 쓰인 『시경(詩經)』의 「예기악」 편에 나오는 글이다.

"나라와 세상이 망가지려면 음악부터 썩는다. 음악이 썩으면 시가 난잡해지고, 무용이 거칠고 천박해지며, 사회질서와 예(禮)가 무너지고, 사회이론과 철학과 정치가 붕괴하기 시작하고, 그에 따라 민심이 소란해지고, 정치가 썩고, 거짓말이 횡행해지며, 나아가서는 동식물과 자연까지 생명의 질서를 이탈하여 기형화되고 변질한다."

이처럼 악(惡)은 점점 더 악한 것에 익숙해지고, 상상을 초월하는 인간관계가 틀어지는 것에 중독되고, 결국 현실에서도 처음과 달리 무감각해지며, 실체 판단력에도 영향을 미친다고 한다. 대부분 막장드라마의 주 시청 세대는 중·노년 여성들이다. 여기에 막장드라마를 쓰는 작가도 대부분 여류 작가란다. 심리학자 카를 융은 여성들은 논리력이 떨어진다고 한다. 다시 말하자면 남성들과 달리 이성적인 판단보다는 자기 의견을 내세운다고 한다. 예를 들어, 10% 정도 지식을 가지고 나머지 90%는 자기 생각으로 채우는데 자기가 이루고 싶은 개인적인 욕구를 써내려간다고 한다.

20세기부터 여성들의 지식교육이 빠르게 증가함에 따라 사회참여 또한 함께 늘면서, 남성들과 논쟁을 벌이는 여성들의 모습을 두고 카를 융은 이렇게 말한다.

"여자들이 나름 지성을 앞세워 논쟁을 벌인다고는 하지만, 판에 박힌 말을 반복하고, 잘못 적용된 평범한 진리를 당당히 내세우고, 신문이나 소설에서 빼낸 온갖 종류의 쓰레기 같은 말을 도용하고, 심지어는 평범한 욕설과 두서없는 막말에 이제 놀랍지도 않다"

물론 카를 융의 언급에 대해 여성들은 심한 모욕감을 느낀다고 하겠지만, 오늘날 여성들의 행태를 보면 충분히 알 만하다. 남성은 어떤 내용에 대해 100% 알지 못하면 쉽게 의견을 내세우지 않는다. 반면, 여성은 분명하지 않은 것도 무조건 발설부터 한다. 카를 융은 이런 여성에 관해 '나름 지성인이라는 여성들은 지적이고 비판적이어야 한다는 의식 아래 꼬치꼬치 따지면 논란을 벌이지만 토론의 본질을 되면 될수록 비뚤어진 관점으로 보면서 복잡하게 섞는다'고 한다. 그런 여성 대부분은 내용의 본질보다 상대 남성을 화나게 하는 것을 겨냥한다고 한다. 그러면서 자기도취에 빠져 그들에게 미안해하면서도 "내가 항상 옳아"라고 한단다. 비록, 틀린 것을 알면서도 절대 멈추지 않고 자기 생각으로 만들어내는 여자를 향해 카를 융은 '진정한 여성성을 상실한 여자'라며 혹독하게 비난한다. 여성의 진정한 위대함은 오히려 자기 희생을 통해 모두를 살리는 생명의 관계를 주도한다고 한다.

당연하게도 보는 사람이 있어 쓰는 사람도 있다지만, 그런 막장드라마에 중독되면 막장 인생을 살게 된다. 막장을 써서 유명해진 여류 작가들의 개인적인 삶도 보면 기이하다. 또, 그런 작품에 출연하는 배우도 개인사가 잘 풀리지 않는 것을 볼 수 있다. 영감(靈感)이 남성보다 발달했다는 여성들이 왜 그런 것은 보지 않는지….

　흔히, 흉내는 내도 효자 흉내를 내라고 했다. 막장을 만들어 내고 막장을 보면, 결국 막장 인생을 살게 된다. 노년에 접어든 베이비붐 세대. 남은 생을 상처받은 과거를 되돌아보며 주변을 원망하는 추한 막장 인생으로 살지, 아니면 남겨진 후손을 생각하며 아내답게, 어머니답게, 할머니답게 희생하는 존귀한 모습으로 살지 그 선택의 기로에 서 있다는 것을 잊지 말아야 하건만….

29
부부 한몸이라는데

환갑을 넘긴 요즈음, 친구들과 모이면 남편 흉을 보는 것에 열을 올린다. 결혼 초에는 시댁과의 갈등으로 힘들다고 하고, 자식들이 커가는 동안은 자식 뒷바라지에 정신을 차릴 수가 없다고 하더니 중년 이후로는 오로지 남편에 대한 불만이다. 더구나 각종 매체를 통해 가부장적인 남편에 대한 성토가 공개적으로 이루어지다 보니 그 불만이 점점 더 커지는 것 같다.

사실, 부부간의 개인사임에도 아내 대부분은 같은 공감대를 형성하며 남편을 공공의 적으로 만들어버린다. 이러한 우리나라만의 독특한 문화가 도를 넘어 염려스러울 지경이다.

아내들의 남편에게 느끼는 불만의 대표 사례는 "남편이 은퇴하더니 이상하게 변했다"라는 것이다. 40여 년이 넘는 세월 동안 자식까지 낳고 살았는데 저럴 줄 몰랐다며 남은 생을 어떻게 함께 살지 걱정이란다. 남편이 할 줄 아는 것도 없으면서 안 하던 잔소리까지 해대니 도저히 견딜 수가 없단다. 저런 남편과 살면서 자신의 인생을 제대로 살지 못한 것이 억울해서 자다가도 눈이 떠진다고 한다. 그런데 곁에서 남편은 코를 골며 신나게 자는 모습에 더 화가 나서 소리 없는 총이라도 있으면 쏠 것 같은 심정이라는 친구도 있다. 그래서 내가 그 표현은 과하지 않느냐고 묻자, 사실 공중파 방송에서 남편의 험담으로 인기를 한 몸에 모으던 입담 좋은 여자가 했던 말이라고 밝혔다.

사실 여자들도 할 말은 많다. 현재 60대 이후의 여자들이 결혼하던 때는 남아선호사상이 뿌리 박힌 시절이었다. 대부분, 사랑이 무엇인지도 모르고 등 떠밀려 중매로 결혼했다. 그리고 하루도 거르지 않고 출근하는 남편의 아침밥을 짓고, 시대의 위세에 눌려 자기 의견도 펼쳐보지 못했으며, 준비되지 않는 상태에서 자식을 낳고 키우면서 생의 반세기를 훌쩍 넘겼다. 그러는 동안 정말 자신이 누구인지 잃어버렸다고 한탄하는 친구가 대부분이다. 그래서 이제는 내 인생을 살고 싶은데 다시 은퇴한 남편에게 발목이 잡히니… 때론 잠이 오지 않을 만큼 억울할 것도 무리는 아닐 것이다.

비록, 아내는 아내라는 자리에서 이처럼 고생만 하고 억울하다지만 남편도 고달프기는 마찬가지였다. 일찍부터 가장의 짐을 지고 나라의 부흥기에 순응하느라 말 그대로 새벽부터 나가 뼈 빠지게 일만 했다. 오로지 처자식 먹여 살린다고 누구보다 열심히 일만 하고 살았건만….

부부라는 이름으로 살았다지만 이처럼 각자 살아온 모습은 우리나라 베이비붐 세대의 독특한 삶의 방식이었다. 누가 무어라 해도 각자에게 주어진 소임을 하느라 정작 자신을 위한 삶을 살지 못했다는 회의가 중년 이후에 급격하게 밀려온다. 그러다 보니 부부가 함께하며 사랑을 나눈다는 것은 상상조차 할 수 없는 일이었다. 선진국의 부부들은 철저히 부부 중심의 삶을 사는 것에 반해 우리나라는 서로의 일에 빠져 자연히 밤늦게까지 남편은 직장 동료와 회식하며 술을 마시고 낮에는 여자들끼리 몰려다니며 수다를 떠는 세월을 보낼 수밖에 없었다. 이처럼 부부가 각자 자기 방식으로 삶이 형성되어 뒤늦게 함께 한다는 것은 어렵기만 하다.

그러나 서양인들은 서로의 과거가 어떻든 일단 결혼하면 부부간에 철저한 믿음과 사랑으로 살지만, 서로의 사랑이 식었다고 생각하면 냉정하게 갈라선다. 그에 반해 우리는 사랑은 없지만, 자식을 위해서는 이혼을 하면 안 된다는 전통적인 가치관에 묶여 있으면서 서로를 증오하고 미워만 한다. 비록 한집에 산다지만 상대를 향한 증오심으로 자신마저 망가뜨리고 있다.

여기에 더하여 세상은 점점 더 여성들에게 긍정의 마음으로 꿈을 찾으라고 부추기고 있다. 대부분 중년의 여인들은 자신의 피해의식을 호소하며 가족 때문에 희생된 자기 인생을 찾고 싶다고 한다. 어느새 늙어 버린 자신의 모습을 보니 더 화가 나고 진정한 사랑도 못 해본 과거가 너무 억울하다는 친구도 있다. 요즈음 같은 세상에 살면서 자신은 중매로 멋모르고 결혼을 했기에 요즘의 진정한 사랑을 못 해본 것이 한이 맺힌다고 한다. 그래서 더 늙기 전에 정말 아름다운 사랑을 하고 싶다는 속내도 노골적으로 드러낸다.

그래서 내가 남편과 그런 사랑을 해보라고 했다. 물론 친구는 내 인생을 아느냐며 버럭 화를 쳤다. 그래서 내가 말했다.

"그러면 이혼을 먼저 하던가."

그랬더니 친구는 눈물까지 흘리며 그것도 못한단다.

"손주까지 본 이 나이에…."

그러면 답이 나왔다. 미국의 유명 심장전문의 로버트 엘리엇(Robert S. Eliet)의 명언 중에 "피할 수 없다면 즐기라"라는 말이 있다. 아무리 남편이 속을 모른다지만, 40여 년간 자식 낳고 살았다면 누구보다 잘 알 것이다. 사실 너무 알기 때문에 서운한 것이다. 노년의 특징 중 하나는 새로운 것에 도전하기보다 익숙한 것에 편안함을 느낀다. 어쩌면 이제 자식들 독립시키고 둘만 남았다면 청춘에 사랑했던 그 모습을 찾아 새롭게 시작하는 것도 도전이 아닐지….

누구보다도 급변하는 세상에서 제 역할을 찾지 못해 방황하는 자식들은 노년에 접어든 부모가 서로에 대한 불평을 자제하고 오순도순 살아주기를 바란다고 한다. 황혼 이혼이 대세라지만 자식들은 자기의 부모만큼은 이혼하지 않기를 바란다고 한다. 또한, 비록 남에게 내세우지 못할 만큼 부족한 아버지를 엄마가 데리고 함께 살아주는 것을 더 고마워한단다. 누군가 이 나이에 자식 눈치 보고 사느냐지만 인생을 살다가 떠날 때

자식이 주는 점수 비중이 가장 높다고 한다. 세상에 아무리 큰일 했다고 하지만, 자식만큼 부모를 잘 아는 존재가 없다고 한다. 사실 무자식 상팔자라며 자식 소용없다지만, 결국 자식과 부모는 한 몸에서 시작되어 한 몸으로 끝나는 존재다. 그런 관계를 통해서만 오로지 '나'라는 연결의 고리가 영원까지 이어진다고 하지 않던가. 기억하고 기억되는… 그저 혼자 잘 먹고 잘사는 세상을 살다가 간다지만, 나를 기억하는 한 사람도 없는 세상이 무슨 의미가 있을까?

『성경』에는 이런 말도 있다. '남편을 주께 하듯 하라'라고. 그러나 잘난 남편을 주께 하는 것은 당연하지만, 못난 남편을 주께 했다면 그만큼 상급이 크지 않을까? 원수를 사랑하라 하셨는데 평생 원수인 남편을 사랑했으니 하나님이 주신 계명 지킨 것이 아닐지….

30
할머니라는 이름으로

어느새 할머니가 되었다. 할머니라는 이름은 여자이면서 자식을 낳고 그 자식이 독립하여 다시 자식을 낳으면 듣게 되는 이름이다. 예전에는 여자로 태어나면 누구나 듣는 소리였다. 그러나 요즈음은 환갑을 훌쩍 넘긴 나이가 되어도 듣지 못하는 여자도 많다. 그 흔한 '모태 솔로'로 노년기를 맞이하는 여자도 있고 자식이 결혼도 하지 않거나, 그들이 결혼했어도 자식을 낳지 않은 경우가 있기 때문이다.

그러니 이 시대에 할머니라는 소리를 듣는 것도 축복인 셈이다. 그런 할머니라는 이름으로 남은 생을 어떻게 살아야 할지 생각해 보았다. 그러나 그저 내 인생은 내 인생일 뿐이다. 누가 어떤 인생을 살다 가든 간에 나와는 상관이 없다. 그런데도 대부분 할머니로 사는 여인들은 남의 인생을 바라보며 울고 웃고 있다.

사실 현대를 사는 인간들이 모든 것을 간접적으로 경험할 수 있는 존재라지만 그저 그것은 그들의 경험이고 그들의 지식일 뿐이다. 아무리 세상에 산해진미가 있다 한들, 내가 먹어본 것만 내 것이 된다고 했다.

심리학자 카를 융에 의하면, 죽고 나서 받는 심판대에서 너의 이야기를 말하라고 한단다. 역사 이래로 수많은 현자, 철학자에게 듣고 남의 성공사를 완전히 꿰어 누구보다 지혜롭고 용기 있게 열심히 살아 재물 권세 다 이루었다고 해도 점수 못 받는다는 말이다. 그런데도 현대인은 남이 들려주는 이야기에 몰입하며 자기 인생과 비교하면서 울고 웃는다.

예전에는 선택이 없는 단순한 삶이었다. 남존여비 사상이 지배했던 시절에 대부분 여자의 일생이 험난하고 고달팠다. 하지만 모두 같은 길을 가니 비교 대상이 없어 오히려 평강(平康)을 유지할 수 있었을 것이다. 그런데 요즈음처럼 다양한 인생살이가 펼쳐지니, 남과 비교하면서 오히려 개개인의 갈등이 심화하고 있다. 나름 인생에서 성공했다는 사람들이 나와서 온갖 예능 프로그램은 물론, 인터넷 영상 플랫폼까지 앞세워 자기 인생 이야기를 드러내니 그저 평범하게 살아가는 할머니의 갈등은 점점 더 커지고 있다.

최근에는 환갑을 넘긴 탤런트가 연하의 남자와 결혼을 하는 과정은 물론, 신혼 갈등까지 공중파 방송에서 보여주고 있다. 그러자 대중은 저 나이에 사랑을 찾아간다니 멋지다는 반응이 있는 반면, 저 나이에 남자 수발할 일이 있느냐며 미쳤다면서 떠들어댄다… 나도 '미쳤다'에 한 표를 던진다. 그 이유는 이 나이까지 살고 보니 인생은 부족해서 망하는 것이 아니라, 더 가서 망한다는 것을 알게 되었기 때문이다.

물론, 할머니라고 새 인생을 찾지 말라는 것이 아니다. 『성경』에는 과부와 고아를 불쌍하게 여기라고 했다. 여자가 혼자 살면서 자기 삶을 영위하지 못하면 결혼이라는 제도로 구제받을 수 있다고 한다. 그러나 그녀는 이혼한 독신이라지만 연예인 활동을 하면서 재물은 충분하여 남은 생도 먹고살 만한 모양이다. 어쨌든 연기자로 살면서 그만한 인기도 누리고 재물도 모으고… 비록 그녀가 이혼은 했지만, 자식도 있고 손주까지 있다면 그나마 참으로 멋진 인생처럼 보이건만… 노년은 보여주는 것이 아니라 보이는 것이다. 자식이 보고 손주가 보는….

사실 청년기에 잘못 선택한 인생을 바로 잡는다고 이혼을 하고 재혼하는 것은 여전히 인생이 남았다는 것이다. 그래서 젊음이 아름답다고 하는 모양이다. 그저 TV에 나오는 많은 청춘 남녀가 철없이 구는 모습도 아름다워 보이는 것은 아직은 경험하는 세대라는 것이다. 실수는 있을지언정 실패로 끝나지 않게 하는 노년이라는 기회가 아직은 남아있다. 그런데 노년은 내 실수를 고칠 시간이 남아있지 않다는 말이다.

그러나 더 슬픈 것은 그래도 그 여자는 연예인이란 직업성으로 수입이 생겼겠지만 저런 허접스러운 이야기를 보는 시청자의 마음은 더 작위적이라는 것이다. 아마도 노인 여성 인구가 급증하고 남성 위주의 가부장적인 제도에 도전하기 위한 콘셉트인 듯싶지만, 우주 정복 시대에 저런 방송을 보며 시간을 헛되이 보내고 있으니… 아무리 제멋에 사는 세상이 되었다지만 그저 자식과 손주 보기에 민망할 따름이다.

『성경』에는 다음과 같은 말이 있다.

"일은 시작할 때보다 마무리할 때가 더 좋고, 마음이 교만할 때보다 참을 때가 더 낫다."

    노인까지 살고 나니 깨닫는 진리다. 노인은 살아온 인생에 대한 마무리일 뿐, 새로운 관계를 시작하는 나이가 아니다. 결국, 살아온 인생의 열매로 내가 기억하는 상황보다는 기억되는 위치가 되었기 때문이다. 싫든 좋든 나로 인해 세상에 태어난 열매에 어떤 기억을 남겨야 할지… 앞서 말했듯이, 이 힘난한 세상에 그래도 큰 사고 없이 손주가 있는 할머니로 살았던 것이 여자로서의 축복이라면 그 후손에게 어떤 존재로 기억될지 그것이 가장 두려운 현실이건만….

31
나를 찾아 떠나는 인생

100세 시대를 살다 보니, 60세를 넘기면서 제2의 인생을 살겠다는 사람이 늘고 있다. 그래서 그동안 자신을 구속했던 부부관계를 청산하고 싶은 노년층이 늘고, 황혼 이혼도 급격하게 늘고 있다고 한다. 그런데 남자들보다 주로 여자들이 자신을 찾아 떠나고 싶다고 한다. 그 이유는 가족 때문에 정작 자신이 원하는 삶을 살지 못했다는 것이다. 전혀 틀린 말은 아니지만, 굳이 가족을 떠나야 나를 찾는 것은 아니라는 생각을 한다. 프랑스 소설가 조르주 베르나노스(Georges Bernanos)는 말한다. "자기 자신을 찾는 것은 생각보다 쉽다. 하지만 은총이란 자신을 망각할 때 비로소 얻는다"라고 한다.

다시 말하자면, 인간은 내가 이루고 싶은 이기적인 성취욕보다는, 나를 잊을 만큼 사랑하는 누군가에게 모든 것을 쏟아붓는 것이 은총이라고 한다. 인간이란, 나보다 사랑하는 누군가를 위해 사는 이타적인 존재로 하나님이 만든 존재이다. 인간이 만물의 영장이라지만 유독 긴 양육기간을 거친다. 모든 포유동물은 태어나자마자 스스로 어미젖을 먹으려고 움직이지만, 인간은 누군가 젖을 주려고 다가가지 않으면 그대로 굶어죽는다. 물론 걷는 것도 일 년 가까운 시간이 지나야 걸으니, 이처럼 직접 돌보는 과정을 몸소 배우기에 인류 발전을 이루고 성숙해진다고 한다.

그러니 누군가를 돌보다가 나를 잊었다면 축복받을 거라는 소리다. 더구나 그래도 자식 낳고 손주까지 보고 살았다면 큰 틀에서 보면 잘 살아온 것이다. 하나님은 세상이 부러워하는 부와 권력, 그리고 명예를 누린 인간보다 생명을 소중히 가꾼 인간에게 더 높은 점수를 주신단다. 남편과 자식, 그리고 손주까지 귀한 생명의 열매다.

　요즈음, 졸혼이니 황혼 이혼이니 하며 이혼을 부추기는 소리에 따라 이혼한 친구도 있다. 그 친구가 이혼하고 남편의 굴레에서 벗어나 그간 무엇이든 하고 싶은 것을 하게 되어 너무 좋다고 했다. 그렇게 자유로운 시간을 보내며 몇 해를 살다 보니 점점 무료해지는 모양이었다. 일단 건강이 나빠진다고 했다. 나 혼자 먹자고 음식을 만들지 않게 되니 육체가 쇠약해지기도 하지만 정신까지 피폐해진다는 것이었다. 고리타분한 남편에게 매인 삶을 청산하고, 산전수전 공중전까지 다 겪은 나이에 무얼 주저하느냐며 호기롭게 남자들과 관계를 갖다 보니 어느새 일상처럼 습관화되고 말았단다. 그러다 보니 만나는 남자들도 자신을 쉬운 여자로 생각한다는 것이다. 친구 스스로 점점 그런 자신이 싫지마는, 홀로 외롭게 있다 보면 '깜'도 안 되는 남자들이 들러붙기 마련이다. 급기야 그런 남자에게도 버려지면 친구는 자존심이 상한다고 머리를 쥐어뜯으며 슬퍼했다. 그러면서 이혼한 전남편과 비교를 하기도 했다. 아무리 그 남자들을 비교해보아도 전남편에 못 미치는 모양이었다. 그리고 다시 전남편을 원망했다.

　"내가 이렇게 된 것은 다 그놈 때문이라고…."

결국, 친구는 얼굴 성형도 하고, 재혼 중매 사이트에도 가입하면서도 시종일관 전남편의 동향에 촉각을 세웠다. 수시로 자식들을 통해 전남편의 동향을 살피더니 어느 날 남편이 재혼한다는 소식에 울며 소리쳤다.

"죽일 놈, 날 이 꼴로 만들고 다른 년과 얼마나 잘 사나 두고 보자!"

남녀가 헤어지고 나면 여자가 헤어진 남자에게 집착하는 경우가 많다고 한다. 물론, 여자가 다시 재회를 기대하기보다는 나 없이 잘 살지 못할 거라는 망상적 사고에서 오는 것이다. 그런데 요즈음 여자가 모르는 것이 있다. 예전처럼 남자가 아내에게 매여 사는 경우가 별로 없다는 것을….

최근 우리 사회가 나 홀로 사는 것이 트렌드라고 하지만, 과연 혼자 사는 남녀 중에 누가 더 불리할까? 남자라고 하지만 결국 여자다.
그 이유는 먼저 여자는 남자보다 결혼에 더 관심이 많기 때문이다. 그만큼 남자와 결혼하고 싶어 한다. 그런데 남자는 혼인 관계에 집착하지 않는다. 그래서 초혼이나 중매 사이트를 보면 여자가 불리하다. 그래서 모든 여자가 탐내는 남자는 경쟁률이 높다. 젊으나 늙으나 그것은 변치 않는다고 한다. 심지어 요양원에 노인도 나름 괜찮은 할아버지 주변에는 항상 할머니가 들끓는다고 한다.

어쨌든 여자는 누군가와 관계를 맺지 못하면 심한 우울증에 빠지게 된단다. 카를 융에 의하면 여자는 한 남자를 붙들어 두는 욕구가 강하다고 하다. 반면에 남자는 여자를 정복하는 것에 관심이 더 많고 한 여자에게 머물고 싶어 하지 않는 욕구가 강하다고 한다. 그래서 항상 떠나고 싶은 남자에게 하나님께서 명령하신다. 절대 떨어지지 말고 한 몸처럼 살라고… 아마도 그것은 남자에게 한 말인 듯싶다. 이런 남자로부터 여자가 보호받기 위함인데 요즈음 여자는 그것을 구속이라 생각하며 먼저 떠나 스스로 망가진다. 옛말에 집 나간 남자는 반드시 돌아오지만, 집 나간 여자는 결코 돌아오지 못한다고 한다.

우리 사회에 중노년 부부의 이혼 수가 급증하고 있다. 이 또한 대한민국 사회가 역사 이래로 처음 겪는 사건이다. 가부장적이고 전통적인 유교 사상으로 인해 남편이 첩을 두고 바람을 피워도 아내가 능동적으로 이혼을 제기하지 못했다. 그런데 최근에 아내 주도의 황혼 이혼이 늘고 있다니 염려된다. 왜냐하면, 성공 사례보다는 실패 사례가 더 많았기 때문이다. 이러한 실패 사례는 사회를 더 혼란에 빠뜨린다.

이혼하고 나온 여자가 공격적으로 '남자 사냥'을 한다. 골키퍼 있다고 골 안 들어가냐며. 내 가족 깨고 나왔는데 네 가족 못 깰 이유 없다며….
예전에는 유부남과 순박한 처녀의 사랑이 이야기가 있었다면 지금은 남편 싫어 집 나와 '남자 사냥' 다니거나, 이혼하고 나와 남자 찾는 여자가 거리에 널려 있다. 그것도 주로 세상 좀 살아봤다는 여자들이다. 예전에는 자신의 성을 파는 여성과 여염집 여성 사이에 분명한 구분이 있었다. 남성의 성은 단순한 배출 욕구다. 그저 육체의 욕구일 뿐, 감정이 섞이지 않는다. 그래서 그런 직업의 여성이 존재할 수 있던 것이다. 그런 직업의 여성 때문에 오히려 남성의 성으로부터 여성이 보호된다. 그런데 요즈음 모든 여성이 나이에 불문하고 직업여성처럼 살려는 것은 아닌지….

성경에는 성을 파는 여성에 관한 이야기가 많이 나온다. 특히, 인류 최초의 공동체 가정을 만들어 준 하나님께서는 자신을 멀리하고 다른 신을 믿는 것을 두고 '음란(淫亂)'이라는 표현을 쓰신다. 그래서 자신의 가정을 지키지 않고 밖을 떠도는 여자를 아주 싫어한다. 남자에게도 그런 여자를 조심하라고 한다. 솔로몬도 아들에게 이처럼 당부한다.

"아들아, 너는 오직 네 우물의 우물물만 마시고 네 샘에서 솟아나는 샘물만 마셔라. 어찌하여 네 샘물을 집 밖으로 흘려보내며, 어찌하여 네 우물물을 길거리로 흐르게 하려느냐? 그 물은 오직 너만의 것으로 삼고, 절대로 다른 사람과 나누지 마라. 너는 네 샘이야말로 참으로 복된 줄 알고 네가 젊은 날에 기뻐서 취한 네 아내와 즐거움을 누리도록 하여라."

노령화가 우리나라보다 일찍 시작된 유럽 사람들은, 젊은 나이에 동거나 이혼은 쉽게 하지만 노년에는 함부로 이혼하지 않는다. 유럽의 부부는 이혼을 통해 함께하는 소중함을 깨닫는 반면, 노령화가 막 시작된 우리나라의 부부는 노년에 들어서 황혼 이혼이 급증하고 있다니….

32

명품사랑

요즈음은 한때는 열렬하게 사랑했지만 이내 사랑은 가고 다른 사랑과 열애에 빠지는 것을 마치 능력처럼 비추어지는 모양이다. 물론 파트너를 바꿀 때마다 이전 파트너보다 나았다는 망상적 사고를 갖게 하는 것도 막장드라마가 한몫하고 있다. 이혼하고 나서 더 나은 남성을 만나 과거를 보상받는 신데렐라 아줌마가 실제로 현실성이 있을까? 우리나라 옛 말에 술주정뱅이 남편이 싫어 이혼하고 재혼을 하고 보니 술주정뱅이에 놀음까지 하는 남자였다는 말이 있다. 결국, 남편을 바꾸어 봤자 그 여자의 안목이 본질적 문제라는 것이다.

세상이 바뀌었으니 여성이라는 이유로 절대로 참고 살지 않겠다고 이혼을 하고 나온 친구가 재혼하고 잘 사는 것을 보고 물었다. 정말로 그녀가 원하는 남자를 제대로 만난 모양이라고 했더니 친구가 대답했다. 현재 남편에게 하는 것을 전남편에게 10분의 1만 했어도 절대 이혼하지 않을 것이라며… 그러면서 친구는 어렵게 한 재혼을 깨지 않기 위해 죽을 힘을 다한다며 슬픈 기색이 역력하다.

배우자를 바꾸기가 자유로워진 현대를 살아가는 것이 정말 여성에게 적합한 심리일까? 그러나 배우자에 대한 남녀의 심리가 다르다고 한다.

심리학자 카를 융의 이론에 의하면 여성은 본능적으로 한 남성을 붙들어 두려는 심리가 강한데, 이유는 여성은 한 남성을 지키는 것에 심리적 안정을 준다고 한다. 그래서 과거의 여성들은 이혼이 자유롭지 않아 남편이 첩을 두어도 혹은 과부가 되어도 결혼을 하지 않았다. 그러나 현대 여성은 결혼에 실패하면 재혼을 쉽게 결정하지만, 절대 만족하지 않는다. 또한, 여성은 과거를 돌아보며 후회하는 심리가 있다고 카를 융은 말한다. 이는 여성이 이혼하고도 전남편이 어떻게 사는지 궁금해하는 이유다.

사실 남녀 차별이라고 하지만 남녀의 신체가 서로 다르듯 그 심리도 다르다. 그래서 인간의 역사 속에 지속해서 내려온 전통은 인간에게 가장 적합하기에 그런 전통이 생긴 것이다. 전통 때문에 인간의 삶이 불합리해진 것이 아니라 가장 심리적인 안정을 주는 것이 전통이 된 것이다. 그러나 현대에는 여성들이 전통을 거부하고 남성의 역할을 취하면서, 여성들은 이유 없는 과민성 불안 장애에 시달린다고 심리학자 엠마 융(Emma Jung)은 말한다. 다시 말하자면, 여성이 남성처럼 배우자를 바꿀 때 남성보다 심리적 갈등이 훨씬 더 심해진다고 한다. 그래서 가부장적인 부부가 오히려 가장 오래 산다는 최근 통계가 있다.

유독 우리나라의 막장드라마에는 여성 등장인물이 행하는 관계 파괴가 눈에 띈다. 사실 세상이 바뀌었으니, 여성이 남성처럼 독립적인 자기 역할을 하며 인생을 개척하는 것이 아니라, 과거 출생의 비밀로 자식까지 이용하면서 가족 관계를 망가뜨리는 것을 드라마에서는 '자기 성취'로 윤색한다. 거기다가 애 딸린 연상의 이혼녀가 재벌 상속자와 사랑에 빠져 결혼하는 것도 여성들의 망상 심리를 자극하여 대리만족을 느끼게 하는 것이다.

그러다 보니 한 남성의 아내로 자식 낳고 살림만 하면서 맹숭맹숭하게 살아온 자기 삶에 회의감이 든다는 친구도 있다. 때론, 이 좋은 세상에 태어나 자신은 없고 누구의 아내, 누구의 엄마로 산 것이 억울했지만, 자식들 분가시키고 남편이 퇴직할 때까지 풍파 없이 살았다는 것이 오히려 대견하다는 생각도 든다고 한다. 부부가 되어 살면서 힘들고 어려울 때마다 능력이 없이는 못 깬다는 자괴감에 고통스러웠는데, 인생길은 결국 덜 망가지는 게임이지 더 잘되는 게임판이 아니었다는 것을 늦은 나이에 알았다고 한다. 그래서 퇴직하고 집에 들어온 남편을 그동안 미워했지만, 이제는 본격적으로 사랑해 보겠다고 한다. 그 말을 듣고 그저 세상살이 생각의 차이일 뿐이라는 생각이 들었다.

최근 황혼 이혼이 대세라지만 온갖 풍파에도 자기 사랑을 지키는 것이 바꾸는 것보다 더 아름답지 않을까? 한 시인은 사랑은 한 번이면 족하다고 했다. 인간은 사는 동안 누구나 부러워하는 멋지고 화려한 사랑을 꿈꾸지만 결국 하나라는 이름에는 지고 만다. 더구나 이처럼 다변화의 시대를 살면서 어쩌다 못난 남편을 만나 사는 것도 마음이 아픈데 내가 무능해서, 혹은 부족해서 바꾸지 못한다는 한이 서린다. 하지만, 자식이 분가해서 손주까지 본 나이에 내가 할 수 있는 것은 단 하나다. 내 손안에 남은 못난 사랑을 명품으로 만들면 된다. 명품은 오로지 하나라는 것에 의미가 있기 때문이다.

돈 많은 어느 갑부가 멋진 도자기를 가지고 있었다. 그는 그 명품 도자기에 강한 자부심이 있었는데, 어느 날 자신의 것과 비슷한 도자기가 있다는 소리를 들었다, 그러자 그는 급히 사람을 시켜 얼마를 주던 무조건 그 도자기를 사 오라고 했다. 결국, 갑부는 가지고 있던 도자기보다 더 비싸게 산 도자기를 손에 쥐었다. 그리고 갑부는 사 온 도자기를 과감하게 깨뜨렸다. 그러자 힘들게 도자기를 사 온 사람이 놀라 물었다. 왜 그토록 비싼 도자기를 깨어 버리느냐고. 갑부가 대답했다.

　"명품은 하나여야 그 가치가 더 오른다네. 이제 남은 도자기는 값을 매길 수
　없을 지경까지 오를 것이야."

　명품? 별거 아니다. 누구에게도 없는 내 것만이 명품이다. 요즈음 세상이 변했다며 살던 물건 버리고 명품을 찾아 떠나라는 여자들의 소리에 귀를 기울이지 말고 한평생 끌고 온 나만의 사랑을 명품으로 만드는 것은 어떨지. 온갖 세월의 시련을 담고 묵묵히 자리를 지켜온 것이 바로 명품 되는 것이다.
　하나님도 그런 인간의 사랑에 감동한다. 자식도 부족한 아버지와 살아준 엄마에게 가장 감사한다고 한다. 그러니 하나님께서 당연히 자식에게 축복을 내려주시리라.

33

인생은 바꾸는 것이 아니라 아름다운 마무리

흔히 100세 시대라며 인생 중후반에서 인생을 바꾸라는 외침이 점점 커지고 있다. 그러나 어떤 인생을 살았던 간에, 그간 살아온 인생을 뒤집는 순간 이전 인생은 헛산 것이 되고 만다. 그러나 어떤 인생을 살았던 살아온 인생을 감싸 안고 스스로 사랑하면 그 인생은 절대 헛되지 않을 것이다. 아무도 사랑해 주지 않은 내 인생이지만 노년까지 살아왔다면 분명 의미가 있을 것이다. '끝이 좋으면 모두가 좋다'는 서양 속담이 있다. 99번 실패하고 100번째 성공한 사람은 그동안의 99번의 실패도 오히려 미담이 된다. 물론 99번 성공하고 마지막 100번째 실패하면 전부 실패한 것이 되고 만다. 다시 말하자면, 끝이 아름다우면 전부가 아름답게 끝난다.

인생을 잘못 살았다고 후회하는 사람 대부분은 내 탓이 아니라고 말한다. 특히 부부간의 갈등을 듣고 있으면 대부분 상대 탓으로 돌린다. 대부분의 여자들은 멋모르고 했다지만 강요든 무관심이든, 선택을 당한 것도 자기의 선택이다. 인간은 작은 능력만 있어도 자기 주도적인 삶을 살려 한다. 그래서 결혼은 부족한 상태에서 별이 다른 곳에서 사는 남자와 순간적인 착시로 하는 것이다. 흔히 사랑도 없이 멋모르고 결혼을 했다고 하지만, 결혼 서약은 사랑해서 하는 것이 아니라 사랑하기로 약속을 하는 것이다. 사실 남녀가 결혼하는 것은 신비의 사건이다. 알면 절대 들어서지 않는 결혼, 그래서 남녀가 만나 결혼을 했다는 것은 신비이자 기적이다.

한순간에 눈이 멀어 결코 가보지 못한 화성에서 온 남자와 금성에서 온 아내는 부부라는 이름으로 살아야 하는 결혼 생활에 들어서자마자 후회하기 시작한다. 더구나 과거 유교 전통문화를 가진 우리나라는 시집 간 딸에게는 그 집 귀신이 되라는 엄명을 받았다. 전혀 다른 환경에서 홀로 외로이 사는 것도 모자라 자식까지 낳고 기르다 보니 정말 자신이 누군지 잊었다. 그러는 사이에 세상은 천지개벽하고 자신의 능력을 마음껏 드러내는 개성의 21세기에 어쩌다 시대 운을 타지 못하고 오로지 한 남자의 아내로 산 것이 억울하고 분한 마음뿐이다. 인간으로 태어나 그 흔한 명함 한 장 없이 누구의 아내로, 혹은 누구의 엄마로만 산 인생이 억울하기만 하단다.

특히, 베이비붐 세대의 대부분은 그런 과거의 전통에 따라 70~80년대 무렵에 결혼했다. 사랑도 모르고 인생도 모를 때 남편과 엮인 내 인생… 그래서 세상은 긍정의 마음을 가지고 더는 참지 말고 뛰쳐나오라고 소리친다. 하지만 그나마 능력이 없어 시대의 트렌드라는 뒤집기 시도도 하지 못하며 마음만 우울하다.

그러나 예수님은 뒤집지 말고 끌고 가라고 하신다. 비록 자랑스럽지 못한 인생이지만 더 가보라고 하신다. 누가 너를 억지로 오 리(里)를 가자고 하면 십 리를 동행하라시며. 부모의 성화에 못 이겨 금성에서 온 여자가 선을 보고 화성에서 온 남자와 결혼하고 한집에 살게 되었다. 막상 결혼하고 보니 아내는 생각했던 결혼 생활과 전혀 다르고 한이불 덮고 사는 남편도 갈수록 속을 알 수가 없다. "도대체 살아야 해? 말아야 해?"하면서 항상 마음속에는 도망치고 싶은 마음뿐이었다. 그러나 능력이 없어서 혹은 마음이 약해서 차마 깨지도 못하고 그렇게 오 리를 질질 끌려 왔다.

이처럼 어느새 환갑을 바라보고, 자식들은 독립할 나이가 되었고 남편과 그만 살아도 될 명분이 충분한 오 리 길을 왔는데 예수님은 남은 오 리를 더 가라고 하신다. 인생 십 리 길에 오 리 길을 끌려 온 것만도 억울하고 남은 오 리를 더 가라고? 저 '웬수'와? 하지만 힘들게 끌려온 과거의 오 리를 바라보니 이제 못할 것이 없다는 자신감만 남은 것이다. 어쩌면 오 리는 인생에 대한 교육을 받은 기간이고, 남은 오 리는 실천하는 기간이 아닐까? 그런데 다른 길로 가면 그 또한 새길로 처음처럼 좌충우돌하며 끌려가기만 할 것이다. 그래서 예수님은 이제 익숙한 길에서 열매 맺으라고 하시건만….

흔히 중년의 여인이 큰소리치는 말이 "산전수전, 공중전까지 다 겪었다"고 한다. 그런 힘으로 내 팔자 바꾸는 데 힘쓰지 말고 연약해진 남편을 끌고 가라는 소리 아닐까?

살아온 인생이 너무 싫어서 새로운 인생을 산다지만, 노년의 인생은 살아온 생을 뒤집는 것이 아니라 살아온 생의 의미를 찾는 것이다. 어떤 인생도 의미 없는 생은 없다. 바꾸는 것이 좋다며 막장드라마에 나오는 여인처럼 남자를 바꾸어 봐야 결국 실패한 인생으로 끝나기 쉽다는 것을 잊지 말아야 할 것이다.

하나님은 여자에게 당신이 가진 영감의 일부를 주셔서 팔자를 고치는 것이 아니라 팔자를 만들어 가라고 하시건만… 그런데 내 마음에 드는 잘난 남편보다 지독히 마음에 들지 않는 못난 남편을 잘 돌봤다면 상급이 더 클 것 같건만… 예수님도 남편을 주께 하라고 했는데 못난 남편을 주께 하듯 했다면… 더구나 원수를 사랑하라 하셨는데 그 말씀에 따라 평생 원수를 사랑했으니 상급이 더 크지 않을까?

34
해피엔딩

이 나이까지 살고 나니 도대체 "인생이 무엇일까?" 하는 의문이 든다. 120세 장수 시대라지만 70살이라는 나이를 바라보니 평소에 건강했던 사람이 갑자기 죽었다는 비보가 심심치 않게 들려온다. 강건하면 80살이라고 하더니… 그런데 이런 소식이 예전과 달리 더 충격을 받는다. 아마도 평소에 알고 지냈던 동년배들이 그처럼 허망하게 죽었다는 소식이 더는 남의 비보가 아니고 나의 일처럼 느껴지기 때문이다. 100세를 보는 부모님이 살아계신다지만 당신들이 무기력하게 남은 생을 보내는 모습을 보면 마냥 우울하다. 그 이유는 미래의 당면한 나의 모습이기 때문이다.

이제 남은 인생에는 두 가지 선택밖에 없다. 여윳돈이 있어 실버타운에 가든지 아니면 요양원 철장 안에 갇혀 남은 생을 살아야 하든지. 현재 미국에서 아툴 가완디의 베스트셀러 『어떻게 죽을 것인가?』의 주제가 바로 우리나라보다 일찍 시작된 복지 정책으로 제도화된 요양원에서 죽고 싶지 않다는 노인들의 바람이다. 이제 우리나라도 노령화가 급격하게 진행되면서 요양원은 당연한 현실이 되고 있다. 노인이 되면 싫든 좋든 가족에게 버림을 받는 것이다. 돌볼 가족이 없어 요양원으로 가는 것은 선택의 여지가 없다. 결국, 현대판 고려장인 셈이다.

인도계 미국인 아툴 가완디에 의하면, 대가족 제도에 살았던 과거에는 인간이 노인의 문제를 가족과 함께하면서 풀어나갔지만, 핵가족화된 현대에는 한두 명의 자식만으로 결코 부모를 모실 수 없는 게 현실이 되었다고 한다. 그런데 노년에 접어든 인간의 마지막 소원은 가족과 함께 있는 것이다. 특히, 사랑하는 가족이 지켜볼 때 가장 편안하게 죽는다고 한다. 하지만 오늘날 풍요의 시대를 살고 자기 성취를 이루었다지만, 죽을 때는 요양원에서 고독하게 죽거나 아니면 장기간 병석에서 식물인간 상태로 죽는다.

세상에서 살면서 나 나름대로 큰일 했다고 하지만, 죽을 때 이처럼 고독하게 죽는다면 그것은 해피엔딩이 아니다. 결국, 인생의 마지막 열매는 '어떻게 죽느냐'에 달려 있다. 인간이 태어날 때 바라보는 가족은 기뻐하고 태어난 아기는 운다고 했다. 하지만 노년에는 지켜보는 가족은 슬퍼하고 죽어가는 사람은 웃어야 한다고 한다. 그러나 결국 홀로 태어나 홀로 떠나면서 세상에서 이룬 모든 것을 버리고 떠나야 하니 웃으며 떠날 사람이 과연 몇 사람이나 될까?

흔히 노년에 접어들면 급격하게 무력해지는 자신을 보며 우울감에 빠지며 살기 싫다고 고백하는 사람이 많다. 그저 고통 없이 자다가 죽었으면 하는 소원을 말하지만, 막상 70살을 넘겨 80살을 넘기면 더는 죽음의 '죽' 자도 내뱉고 싶지 않단다. 그때는 정말 죽음이 임박해서 하루하루 사는 것이 절박하기 때문이란다. '죽고 싶다'는 말도 그때는 죽음이 멀리 있다고 생각했기 때문에 나온 말이리라. 결국, 노인이 되면 죽기도 싫고 살기도 싫지만, 무턱대고 죽기를 거부하는… 그러면서 홀연히 죽고 마는 허망한 인생길….

인생을 살고 나니 알게 된 것이 또 있다. '어떻게 태어나는지'는 내 책임이 아니지만 '어떻게 죽느냐'는 내 책임이라는 사실이다. 부모도 내가 원해서 태어나지 못했다. 누구는 금수저라는데 평생 흙수저로 살다가 죽는 것이 어떻게 내 탓이란 말인가? 그러나 생각하기 나름이다. 금수저로 태어나 인간이 할 수 있는 것 다 해보고 죽으면 정말 죽기 싫을 것이다. 솔로몬은 세상에 태어나 인간으로 해볼 수 있는 것은 다해보고 죽었으니 헛되다고 하지만 이룬 것이 없는 사람은 억울하다 억울하다며 죽을 것이다. "만일 지옥이 있어 지옥을 가는 한이 있어도 원하는 것을 다 해보고 죽고 싶은데…" 하는 마음이 들기까지 한다.

문명이 발달하기 전에 인간의 삶은 그저 먹고 사는 것만 해결하면 만족한 단순한 삶이었다. 그러나 세상이 발달할수록 인간은 상대적 박탈감으로 편하게 눈을 감지 못한다. 그러나 예수님은 세상을 떠나기 전에 세상과 화해하라고 하신다. 내게 배신감만 안겨준 더러운 세상을 내가 먼저 용서하라고 하신다. 그것만이 죽음을 앞둔 내가 주도적으로 할 수 있는 유일한 선택이란다.

마지막 인생길에서 되돌아보니 결국 나답게 살지 못했다는 아쉬움이 남는다. 나답지 못했다는 것은 나의 의지로 내가 결정하는 삶을 살지 못했다는 것이다. 쉽게 말하면 남들이 흔들어대는 칼끝에서 춤추기만 했던 것이다. 사실 인생을 돌아보니 요란하게 흔들리는 칼을 피해 다니기만 했던 것은 아니었을까? 그런데 죽음이 가까워진 노년의 자리에서 내 인생의 칼자루를 쥐고 흔들지 못했다고 하는 아쉬움이 남는다. 카를 융의 말처럼 내면의 자기를 찾지 못하고 남들이 소리치는 대로 살다가 정작 자기 이야기를 만들지 못했으니 결국 후회뿐인 세상… 그래서 무덤가에 가면 "~할걸", "~할걸" 하는 소리만 들린다고 한다. "하지 말걸", "했을걸" 하는….

그러나 아직 살았다는 것이 기회가 남았다는 것이다. 죽을 때 온전히 내 주도적으로 해피엔딩으로 결론을 내릴 수 있다. 야구 게임에서 가장 재미있는 게임은 9회 말 2아웃에서 뒤집는 게임이다. 어떤 인생을 살았던, 9회 말 2아웃 인생을 만들면 된다. 누구보다 힘들고, 어렵게 살았다면 뒤집기 효과는 더 크다. 어차피 살아온 생은 뒤집지 못한다면, 차라리 그 인생을 몽땅 흡수하여 통합하고 행복했다고 결론을 내리면 된다. 로버트 엘리엇이 했던 말, "피할 수 없다면 즐기라"고 했던 것처럼….

35

해피엔딩을 만든 내 친구

55살에 암으로 죽은 고등학교 동창이 있다. 공부도 잘했던 그녀가 가정 형편이 어려워 대학에 가지 못하고, 결혼도 고등학교를 졸업한 이듬해에 했다. 그리고 고된 시집살이를 하고 자식을 4명이나 낳아 키우면 자신의 인생은 하나도 없는 생을 살았는데 남편이 바람까지 피운다고 했다. 그런데, 중년에 병까지 들었으니 참으로 지지리도 복이 없는 팔자 사나운 여인이 아닐 수 없다.

각자 사는 것이 바빠 자주 보지를 못했던 내가 그녀가 입원한 암 병동으로 면회하러 갔다. 이미 병이 심하게 진행이 되고 항암치료로 인해 머리카락도 빠지고 얼굴도 심하게 망가진 상태였다. 고등학교 동창 중에 미모를 따지면 상위권에 속했던 그녀였다. 중환자실 간호사를 하면서 죽어가는 수많은 환자를 보았지만, 과거를 기억하는 친구로서 바라보니 더욱 마음이 아팠다. 그녀는 나를 보자마자 울기만 했다. 하기는 무슨 말이 그녀에게 위로가 될까? 나는 그저 그녀가 하는 말을 듣기만 했다. 긴 울음 끝에 그녀가 내게 말했다.

기독교도인 그녀는 처음에는 자기의 죽음을 받아들일 수 없었다고 한다. 하나님을 믿으면 행복해질 줄 알았지만, 사는 동안 행복감을 가져 본

적이 없다고 했다. 그러다 보니 점점 더 피해의식만 생겨 결국 하나님을 원망하기까지 했다며… 그래서 내가 병이 들었나 하는 자책에 빠지기도 했단다. 그런데 「마태복음」을 읽다 보니 이런 말이 있었다며 말한다.

"베드로가 예수께 와서 형제가 제게 죄를 저지르면 몇 번이나 그를 용서해 주어야 하느냐고? 그랬더니 예수께서 일흔 번을 일곱 번까지, 그러니까 490번을 용서해 주라고 하시는 거야. 도대체 490번? 내가 세상에 태어나 아무리 상처받았어도 490번은 아니었거든? 그래서 용서하기로 했어. 내게 상처를 준 모든 사람을… 어차피 죽어 예수님을 만나야 한다면 예수님 말씀을 들어야 할 것 같아서… 정답 주셨잖아? 490번 용서하고 오라고."

그날 나는 그녀의 말이 얼른 이해가 안 됐지만 이후 장례식에서 아들이 전한 말을 듣고 깨닫게 되었다. 그녀가 죽던 날, 그녀는 자식들을 불러 모았단다. 그날만큼은 암 치료 과정에서 심하게 망가진 얼굴에 화장을 곱게 한 그녀가 자식들에게 한 말은 다음과 같았다.

"너희들이 커 갈 무렵, 누군가 세상에 꽃이 아무리 아름다운들 자식 꽃만 하겠느냐고 했을 때 그때는 그 꽃들이 예쁜 줄 모르고 그저 날 힘들게 하는 가시들이라고 생각했던 적이 많았단다. 하지만 세상을 떠날 자리에서 보니 그 말이 옳았다는 것을 알게 되어 너무 행복하단다. 행복은 자신의 성취가 아니라 내가 만든 것을 통해 이루어진다는 것을 죽을 자리에 와서 알게 되었으니 행복하다. 내가 세상에 태어나 이런 꽃들을 피워 냈다니 하는 기쁨으로 죽게 되니 다 너희들 덕분이다. 엄마 꽃이 되어 주어 정말 고맙다. 더 고마운 것은 이런 꽃이 열매를 풍성하게 맺게 해달라는 소망을 품고 죽으니 분명 낙원으로 들어갈 거야. 그래야 예수님 곁에서 너희를 위한 중보기도를 해 달라고 할 수 있으니까. 사람이 세상에서 아무리 큰일 했다고 큰소리치지만, 소망이 없으면 천국에 못 갈 거다. 그래서 하나님이 인간에게 죽어서도 이어지는 영혼을 주시고 그것이 곧 영생일 거다.

엄마가 하나님을 믿고 사는 동안은 하나님을 많이 원망했단다. 그러나 내가 세상에서 출세하고 남들이 부러워하는 생을 살다가 죽었으면 생에 미련이 남아 더 살게 해달라고 했을지 몰라. 하지만 나는 사는 동안 너무 고단해서 세상에 미련이 없어 쉽게 떠날 수 있어 감사하지만, 그것만으로 천국은 가기 힘들 거라는 생각을 했다. 죽을 때 세상에 남아 있는 사랑의 열매에 대한 소망을 품어야 가겠지? 엄마 걱정하지 마라. 엄마가 죽었어도 너희를 지켜줄게. 정말 내 새끼로 태어나 줘서 고맙다. 그리고 엄마를 봐서 아빠한테 잘해다오. 아빠가 엄마 기대에 미흡했지, 너희에게는 최고의 아빠였어. 너희를 이만큼 키워주었으니 사랑이 없었다며 불평하지 마라. 사랑했기 때문에 밤낮없이 열심히 일했잖니…"

정말 그녀는 네 자녀와 남편이 모인 그날 밤, 숨을 거두었다고 한다. 그 모습을 지켜본 간호사는 그녀가 떠날 때, 그 방에 아주 환한 광채가 비쳤다고 한다. 심리학자 카를 융도 심장마비로 병원에 입원하여 사경을 헤맬 때 그는 임사체험을 했다고 한다. 그때 담당 간호사는 그가 누워있던 병실에 광채가 있었다고 했듯이….

이후로 15년이라는 세월이 흐른 지금, 친구의 네 자식이 모두 남들이 부러워하는 삶을 살고 남편도 오로지 아내만 그리워하며 열심히 살지만, 하루라도 빨리 아내를 따라가야 한다는 소원을 말한다고 한다. 남편은 그녀 살아생전 하나님을 믿지 않았는데, 누구보다 신실한 기독교인으로 살면서 아내를 다시 만날 생각에 죽기를 소원한단다.

그래서 생의 해피엔딩은 세상을 떠난 자도 남겨진 자도 행복한 것을 의미한다. 그런데 그런 결정은 떠나는 자가 해피엔딩을 선언하면 되는 것을….

36
후회하지 않아요

요즈음 나이 든 여자 연예인들이 함께 모여서 아주 지혜로운 삶을 산다는 방송 프로그램을 보고 대부분의 여인들은 그녀들을 두고 부럽다고 말한다. 대부분 한때 화려한 연예계를 누리다가 망한 여자들이다. 노년에 접어든 그녀들은 젊은 날 인기로 누구보다 많은 돈을 모았다지만 사람을 잘못 만나, 모든 것을 잃었다는 넋두리를 하면서 서로를 위로한단다.

하지만 인생의 노년이라는 끝자리에서, 실패한 자기 인생을 드러내는 것이 결국 예전에 성공마저 쓰레기로 만들고 만 것이다. 흔히 과거를 솔직하게 고백하라지만, 인생에는 누구에게도 발설하지 않고 평생 품고 가야 할 것이 있다. 그것은 남을 속이는 것이 아니라 나만의 비밀이다. 인생을 살다 보면 생각지도 못한 일이 벌어지는데 때론 가해자로 혹은 피해자가 되어 상처를 주고받는 개인사를 거쳐 오늘에 이른 것이다. 그래서 되돌아보면 후회스럽고 부끄러운 일이 너무도 많다. 하지만 하나님은 그런 모든 분노와 슬프고 억울한 일은 당신이 갚아주신다고 하건만⋯ 방송이라는 매체를 통해 제 인생을 온통 까발리면서 힐링한다니⋯ 정말 무엇이 부끄러운 줄 모르는 분별없는 인간들이라니⋯ 더군다나 남보다 화려한 삶을 살았다면 엔딩도 스스로 화려하게 막을 내려야 진짜 연예인이건만. 마치 에디트 피아프(Édith Piaf)처럼⋯.

에디트 피아프는 1915년에 태어나 1963년에 48살의 나이에 사망했다. 키도 147cm에 불과했다. 그런데도 그녀는 지금도 전설의 가수로 기억된다. 그녀는 곡예사와 삼류 가수 사이에서 태어나서 사창가를 운영하는 할머니 밑에서 자랐다. 영양실조로 몸은 허약하고, 결막염으로 수년간 약시로 살았다. 10대에는 생계를 위해 거리에서 노래를 불렀던 그녀는 돈이 궁하면 매춘까지 하면서 17살 어린 나이에 딸을 낳기도 한다. 하지만 그 아이는 뇌척수막염으로 끝내 숨을 거둔다.

20살에 파리의 유명 카바레 사장인 루이 르플레(Louis Leplée)와의 만남은 그녀 인생의 전환점이 된다. 에디트의 재능을 알아본 루이는 자신의 카바레 무대에 에디트를 세웠고, 에디트는 비로소 자신의 재능을 맘껏 펼치게 된다. 그러나 루이가 살해당하자, 에디트는 살인혐의로 구속까지 당했지만 결국 진범이 잡히면서 살인혐의를 벗는다.

하지만 시련도 잠시, 프랑스 최고의 시인 레이몽 아소(Raymond Asso)에게 발탁된 에디트 피아프는 그의 시를 노래로 부르며 단숨에 명성을 얻었고, 프랑스인들은 작은 체구에서 뿜어져 나오는 폭발적인 가창력과 열정적인 무대 매너를 가진 에디트 피아프에게 열광한다. 「장밋빛 인생(La Vie En Rose)」을 포함한 수많은 히트곡으로 프랑스는 물론 미국 음악 시장까지 점령하게 되었다. 에디트 피아프는 이브 몽탕(Yves Montand)을 비롯하여 많은 남성 가수와 연애하는 등, 그 연애 경력도 화려했다. 1952년부터 4년 동안은 가수인 자크 피르스(Jacques Pills)와 결혼하고 이혼한 후, 1962년에는 테오 사라포(Théo Sarapo)와 재혼하고 이혼하기도 했다.

이처럼 전 세계적인 인기를 얻고 살아갔지만, 여자인 그녀는 끊임없이 사랑에 갈급했다. 흔히 사람들은 저런 명성을 얻고 좋아하는 노래를 하면서 살지만 여자의 마음에는 항상 운명적인 한 사랑을 찾으려 한다. 그래서 그 사랑을 위해 세상에서 얻은 부와 명예도 버릴 수 있는 것이 여자이기도 하다.

심리학자 카를 융은 이러한 여성의 심리학은 맺는 자이자 푸는 자인 위대한 에로스(Eros)의 원리에 근거하고 있다고 한다. 다시 말하자면, 여성의 특징 중 하나는 인간에 대한 사랑으로 모든 것을 할 수 있다는 사실이다.그래서, 여자는 한 사랑에 목숨을 거는 것이다. 비록, 대부분 남자처럼 세상을 정복했어도 여자로 살지 못한다는 자책으로 슬퍼한단다. 역사 이래로 가장 통치를 잘했던 엘리자베스 1세(Elizabeth I)도 비록 영국과 결혼을 했다지만 한 남자의 사랑을 갈구하며 죽었다고 한다.

당시 에디트 피아프만큼, 전 세계에서 인기를 누리는 가수가 없었다. 그렇게 세계적인 인기를 누리는 가수가 되었다지만, 정작 그녀는 행복하지 않았다. 수많은 남자와 연민을 나누고, 두 번의 결혼과 이혼을 했음에도 영혼을 짝은 찾지 못했다. 그런데 미국인 마르셀 세르당(Marcel Cerdan)과 열정적 사랑에 빠진다. 둘의 사랑은 대서양을 오가며 뜨겁게 전개되지만, 마르셀이 그녀를 보러 대서양을 날아오던 비행기가 추락하며 죽고 만다. 흔히 팔자도 더러운 여자라는 생각이 들 정도로. 마침내 그토록 원하던 것을 얻는 순간에 놓쳤으니… 인기고 얻고 사랑도 얻으려는 그녀의 해피엔딩이 산산조각이 나고 말았다.

그즈음 그녀의 몸도 급격하게 쇠약해지기 시작했다. 가녀린 몸에 관절염이 심하게 걸려 외부활동을 거의 하지 못하는 지경에 이르렀다. 그런 그녀가 마지막 무대에서 부른 노래가 「후회하지 않아요」였다. 그 무대를 끝으로 그녀는 48살이라는 나이에 세상을 떠났지만, 그토록 원하던 영혼의 사랑을 얻은 것이다. 그녀의 노래 가사처럼 또 다른 시작이라는 것이다. 당시 마르셀은 유부남이었다. 만일 살아서 둘이 맺어졌다면 돈과 인기로 남자를 샀다며 비난을 했을지도 모른다. 그런데 아쉬운 엔딩이 모든 사람을 아프게 하며 그녀의 명성이 여전히 살아 움직인다.

여자들이 모이면 산만하고, 남자들이 모이면 삭막하다고 한다. 남보다 이 나이까지 살고 보니 하루도 같은 날이 없다. 아무리 아는체해도 한 치 앞도 모르는 인생을 살건만. 인생은 되돌아보는 것이 아니라 그저 앞을 향해 가는 것뿐이다. 그래서 죽음도 끝이 아니라 시작이건만….

끝이 좋으면 앞에 고난도 미담이 된다. 고난이 클수록 끝이 좋으면 그 기쁨의 효과는 더 크다. 나의 인생 드라마에서 야구처럼 9회 말 2아웃 역전 인생을 만드는 것이 가장 쉬운 이유는 내가 든 방망이를 휘두르며 평생을 고생시킨 공을 향해 "이만하면 좋았어, 잘 가!" 하는 심정으로 때릴 수 있기 때문이지 않을까?

에디트 피아프 전기를 담은 영화 『라 비 앙 로즈(La Vie En Rose)』가 2007년에 개봉되었다. 이 영화는 에디트 피아프를 가장 잘 표현했다고 찬사를 받으며 많은 상을 거머쥐었다. 모든 것을 잃고 병든 몸을 간신히 추스르며 무대에 나와 그녀 특유의 가창력으로 힘차게 질러댄다.

아니, 전혀, 난 아무것도 후회하지 않아. 좋은 일도 나쁜 일도 모두 마찬가지.

아니, 전혀, 난 어떤 것에 대해서도 후회 없어. 대가는 치렀고, 다 지난 일이고….

이젠 잊힌 과거니까. 과거는 신경 쓰지 않아. 내 추억에 대해서도 마찬가지….

내 기쁨과 고통 모두를 불살라버리는 것은 더 이상 그것들이 필요치 않기 때문….

내 사랑과 내 고민도 모두 쓸어내 버렸어. 난 처음부터 다시 시작하는 거야.

아니, 전혀, 내게 후회라곤 없어.

왜냐면 바로 오늘부터, 내 인생, 내 행복, 모든 것이 당신과 함께 시작되니까.

밥북의 책

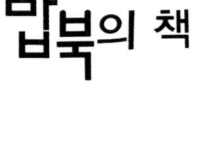

인생 숙제
신광옥 저 | 12,000원 | 352쪽

인생의 격변기를 지나 다시 글쓰기를 시작한
작가 신광옥의 장편소설이다.
이 시대를 살아온 여자의 삶을 시작이 아닌
마무리의 관점에서 바라보며 글을 쓰고, 어
머니로 살아온 삶의 과정에서 느낀 기쁨과
고통을 글로 승화해 공감대를 자아낸다.

해피엔딩
신광옥 저 | 12,000원 | 320쪽

작품은 대를 이어가는 한 집안을 중심으로
다양한 인간군상과 삶의 다양한 모습이 녹
아든 서사를 통해, 인간의 존재와 삶의 이유
를 독자 스스로 찾도록 하고 있다.

생명
신광옥 저 | 15,000원 | 368쪽

여주인공 명혜가 여대생에서 직장인이 되고
엄마가 되어 한 가정을 지켜나가는 역할을
하기까지, 즉 인격적으로 성숙해지고 삶의
방향을 찾아가는 여정을 이웃한 한 사람의
일생을 보는 듯 펼쳐간다.

노년에 접어든 대한민국의 베이비붐 세대. 그 어느 세대보다 격변의 시절을 살아온 세대다. 잘살아 보겠다고, 출세해 보겠다고 몸부림을 치며 살았지만, 어느새 부모가 되어 손주까지 보는 나이가 되었다. 그래도 이 세상에 아직 할 일이 남았다고 자리를 지키며 버티고 있지만 이제 자식들에게 자리를 내주어야 할 때다.

자식들이 미덥지 못하다지만 혹은 경험이 없어 미숙하다지만, 결국 미래는 그들이 사는 세상이다. 철학자 소크라테스도 당시 젊은이들 때문에 "세상이 망할 것 같다"라고 했지만, 오늘까지 세상은 꾸준히 발전해 오고 있다. 세상은 그런 젊은 혈기로 발전해 나가는 것이다.

되돌아보니 그 어느 세대보다 한판 잘 놀았다. 혹자는 아쉬울 때 떠나라고 했다. "어떻게 살 것인가?"를 고민하기보다는, "어떻게 죽을 것인가?"를 생각하는 것이 오히려 남은 인생을 인간답게 잘 사는 것이리라. 그래서 내가 경험한 죽음에 대한 것을 써 보았는데….

– 본문 중에서…

값 15,000원

03190

ISBN 979-11-5858-989-9